荀子讲堂
人定胜天

郑和生 ◎ 编著
甜甜猪编辑部 ◎ 绘

中国致公出版社·北京

图书在版编目(CIP)数据

荀子讲堂：人定胜天 / 郑和生编著；甜甜猪编辑部绘. -- 北京：中国致公出版社，2025.1. -- ISBN 978-7-5145-2296-9

Ⅰ．B222.6-49

中国国家版本馆 CIP 数据核字第 2024X9V877 号

荀子讲堂：人定胜天 / 郑和生 编著 甜甜猪编辑部 绘
XUNZI JIANGTANG：REN DING SHENG TIAN

出　　版	中国致公出版社
	（北京市朝阳区八里庄西里 100 号住邦 2000 大厦 1 号楼西区 21 层）
发　　行	中国致公出版社（010-66121708）
责任编辑	王福振
责任校对	魏志军
责任印制	宋洪博
印　　刷	三河市天润建兴印务有限公司
版　　次	2025 年 1 月第 1 版
印　　次	2025 年 1 月第 1 次印刷
开　　本	710 mm×1000 mm　1/16
印　　张	13
字　　数	167 千字
书　　号	ISBN 978-7-5145-2296-9
定　　价	49.80 元

（版权所有，盗版必究，举报电话：010-82259658）
（如发现印装质量问题，请寄本公司调换，电话：010-82259658）

前言
preface

作为我国战国时期的杰出思想家，荀子是儒家学派的重要代表人物之一，同时也是整个先秦时期的思想集大成者。在全面继承儒家经典学说的基础上，荀子重点对儒家思想进行了三方面的发展与升华：首先，荀子对孔子提出的"礼"进行了更为广泛的发展，尤其是强化了"礼"在实际生活中的规范作用；其次，荀子大胆提出"性恶论"，强调了后天环境与教育对一个人发展的重要作用；最后，荀子提出了"人定胜天"的重要思想，认为人不应将自己的命运交给鬼神，而是应该"制天命而用之"，通过个人的努力去改变自己的命运。

不难看出，荀子是一位非常具有前瞻性思维的伟大思想家，尤其是他提出的"人定胜天"思想，在当今社会生活中依然具有十分重要的现实意义。

所谓"人定胜天"，强调的正是人自身的主观能动性。换句话说，虽然人类生存的宇宙和环境并不会以我们的意志发生变化，但是只要我们能够发挥自身的主观能动性，就能为自身的发展创造出更好的条件。

基于此，我们特意编写了《荀子讲堂：人定胜天》，本书以荀子的"人定胜天"思想为基础，在精选荀子经典言论的基础上，全面结合人们当下的实际生活。全书共分六篇，重点涉及人性的奥妙、自我命运的掌控、自身修养的提升、自身表达力的重塑、人际社交的优化及做事方法的规范六大主题，每个主题都完美贴合了人们的实际生活，同时又完美彰显了荀子的思想智慧，以由点到面的方式对人们为人处世、与人交际及做事规范等方面的智慧进行了精准解读。

为了让大家更好地理解荀子"人定胜天"的智慧，同时获得有益于自身发展的无限能量，我们在每小节的开篇引用荀子的经典言论，之后予以通俗易懂的诠释，由此让大家获得"人定胜天"理论的基础认知。之后，我们通过引人深思的经典故事和趣味漫画，力求让大家通过丰富有趣的阅读，学习荀子"人定胜天"的杰出智慧，以此来对我们的人生提供新思路、新方向。

可以说，这是一部解读荀子"人定胜天"思想的诚意之作，也是一部启迪读者"人定胜天"智慧的阅读佳作。希望每一位阅读本书的读者，都能发自肺腑地沉浸其中，感受荀子的伟大智慧！

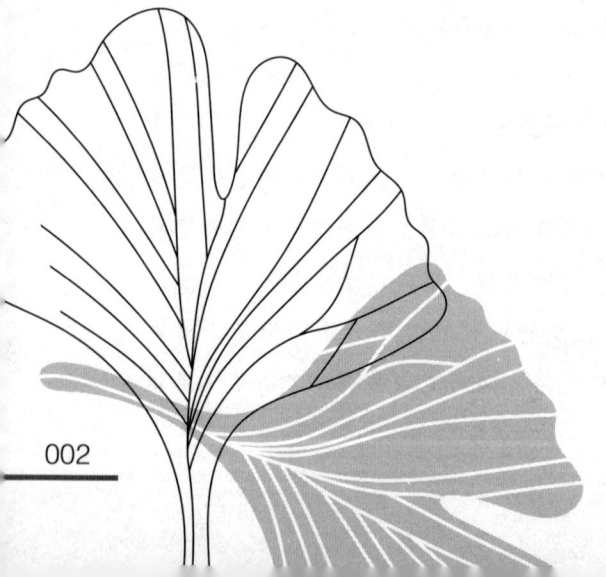

目录 contents

第一篇　洞察人性的奥妙

- 今人之性，生而有好利焉 ……………………………………… 002
- 欲过之而动不及，心止之也 …………………………………… 006
- 君子博学而日参省乎己，则知明而行无过矣 ………………… 010
- 计者取所多，谋者从所可 ……………………………………… 014
- 凡人之欲为善者，为性恶也 …………………………………… 018
- 声无小而不闻，行无隐而不形 ………………………………… 022
- 凡事行，有益于理者，立之；无益于理者，废之 …………… 026
- 言有招祸也，行有招辱也，君子慎其所立乎 ………………… 030
- 彼求之而后得，为之而后成，积之而后高，尽之而后圣 …… 034

第二篇　掌控自己的命运

- 人之命在天 ……………………………………………………… 040
- 循道而不忒，则天不能祸 ……………………………………… 044
- 君子贫穷而志广 ………………………………………………… 048
- 自知者不怨人，知命者不怨天 ………………………………… 052
- 大巧在所不为，大智在所不虑 ………………………………… 056
- 君子敬其在己者，而不慕其在天者 …………………………… 060

木受绳则直，金就砺则利 064

心平愉，则色不及佣而可以养目 068

错人而思天，则失万物之情 072

第三篇　提升自己的修养

情也者，非吾所有也，然而可为也。注错习俗，所以化性也；
　　并一而不二，所以成积也。习俗移志，安久移质 078

察察而残者，忮也 082

学不可以已 086

锲而舍之，朽木不折；锲而不舍，金石可镂 090

信立而霸 094

其于人也，寡怨宽裕而无阿 098

君子之学也，入乎耳，箸乎心，布乎四体，形乎动静 102

君子之求利也略 106

憍泄者，人之殃也。恭俭者，偋五兵也。虽有戈矛之刺，
　　不如恭俭之利也 110

第四篇　重塑你的表达力

彼正其名，当其辞，以务白其志义者也 116

曲得所谓焉，然而不折伤 120

矜庄以莅之，端诚以处之，坚强以持之，
　　譬称以喻之，分别以明之 124

与人善言，暖于布帛；伤人以言，深于矛戟 128

告楛者，勿问也；说楛者，勿听也 132

廉而不见贵者，刿也 136

不观气色而言，谓之瞽 140

第五篇　优化自己的交际

其交游也，缘类而有义 …………………………………………… 146
施薪若一，火就燥也；平地若一，水就湿也 …………………… 150
方其人之习君子之说，则尊以遍矣，周于世矣。故曰，学莫
　　便乎近其人 ………………………………………………… 154
君子居必择乡，游必就士 ………………………………………… 158
得良友而友之，则所见者忠信敬让之行也。身日进于仁义
　　而不自知也者 ……………………………………………… 162
相人，古之人无有也，学者不道也 ……………………………… 166

第六篇　规范做事的方法

不积跬步，无以至千里；不积小流，无以成江海 ……………… 172
道虽迩，不行不至；事虽小，不为不成 ………………………… 176
学数有终，若其义则不可须臾舍也 ……………………………… 180
无冥冥之志者，无昭昭之明；无惛惛之事者，无赫赫之功 …… 184
行乎冥冥而施乎无报，而贤不肖一焉 …………………………… 188
君子生非异也，善假于物也 ……………………………………… 192
挂于患而欲谨，则无益矣 ………………………………………… 196

第一篇 洞察人性的奥妙

　　荀子对于人性有自己的见解,他认为,人"性本恶",芸芸众生多少都有些私欲。然而,他并未因此陷入悲观,反而坚信通过后天教育和环境的熏陶,人的本性可以得到矫正和提升。这种思想不仅深刻揭示了人性的复杂多面,也为我们指明了积极向上的生活态度:只要不断学习、努力进取,我们就能超越自身的局限,实现个人和社会的共同进步。

今人之性，生而有好利焉

——修炼自己的心性

荀子智慧

原文：今人之性，生而有好利焉。

译文：人从一出生就爱财，这是人的本性。

荀子认为，人自出生之日起，便带有一种对利益的喜好和追求，这是天性的一部分，无法回避，也不必掩饰。这种对利益的喜好和追求并非全然消极。事实上，它推动了人们去努力、去竞争和创新，从而推动了社会的进步与发展。然而，正如荀子所强调的，对利益的追求必须在理性和道德的约束下进行，否则便会使人陷入贪婪和混乱。

我心岂能无主

许衡，字仲平，是元朝时期杰出的思想家、教育家，同时他还精通天文历法。他出身于河南沁阳的一个世代务农的家庭，虽然家境不太好，但他本人有一些过人之处。

七岁时，许衡开始启蒙学习，几位老师都觉得他十分聪明，甚至因为觉得自己教不了他而主动辞职。成年后，许衡更加痴迷读书，即便在战

乱时期，家中贫困，无书可读，他也会想尽办法借书来读。有一次，他在他人家中偶然见到了《尚书》的疏议，简直爱不释手。为了抄录这本书，他竟请求留宿，直到连夜把它抄录完，才心满意足地离去。后来在逃难期间，他得到了王辅嗣注解的《易经》，便日夜研读，身体力行，逐渐成为一个品德高尚的人。

有一年夏天，许衡路过河阳，当时天气炎热，他口渴难耐。正好路边有一棵梨树，树上挂满了诱人的梨。同行的人纷纷上树摘梨解渴，而许衡端坐在树下，不为所动。有人不解地问他，为什么不摘梨解渴，他回答说："这梨树并不是我的，我怎能

随意摘取他人的东西呢？"那人又辩解说世道混乱，梨树无主。许衡却反问："梨树无主，我心岂能无主？"众人听到他的话，都对他的高尚品德赞叹不已。然而，许衡并未因此而自满，他依旧过着简朴的生活，亲自耕田劳作。即使日子清苦，他依然坚持读书学习。

修炼心性

生活中的许多艰难与不顺，甚至危险与可怕的事件，往往都源于人们的心中一念。这个"念"，就是人的心性。心性随着年龄的增长而逐渐成熟，人们在岁月的洗礼中，更能深刻地体会到心性与生活的紧密关系。因此，修炼心性成了许多人追求的目标，他们努力使自己的心态更加平和。然而，我们过于将个人品行社会化，过分强调在公众场合中的表现。其实，品行的好坏更多地体现在个体的日常生活中，它关系到我们每个人的内心世界。只有真正修炼好自己的心性，才能在生活中保持正直与善良，成为更好的自己。

心性是个体生活的核心

心性是个体生活的核心,它深刻地影响着我们的命运、成功,甚至生活。心性健康的人,如同沐浴在阳光之下,总能发现生活中的温暖与美好,即使遭遇挫折和困难,也能从容应对,保持乐观。这种心性为生活奠定了和谐的基调,让人生充满阳光。相反,心性不佳的人内心阴郁,步履维艰,生活就像被乌云笼罩。这类人往往过于自私,背负着沉重的负担,难以轻松前行。因此,修炼心性,使之健康向上,是我们追求美好生活的必经之路。

淡泊名利的颜回

孔子是儒家学派的创始人,一生致力于教育,门下弟子众多,其中佼佼者数不胜数。然而,在众多弟子中,孔子最为器重、最为喜爱的,莫过于颜回了。

颜回的身材并不高大,性格内敛,言语不多,但他对孔子十分敬仰与尊重。对于孔子的教诲,他不仅仅听听而已,更是身体力行,将其融入自己生活的每一个细节之中。每当犯错,他都会深刻反省,努力改正,确保不再重蹈覆辙。正因为如此,孔子也对颜回十分肯定,并对他的品德高度赞扬。

仁爱是儒学的核心,而颜回在这方面的表现,更是让孔子赞不绝口。孔子曾如此评价颜回:"其心三月不违仁,其余则日月至焉而已矣。"意思是说,颜回的心可以在长时间内坚守仁德,而其他学生则难以做到。这样的品德,在当时的社会,无疑是极为难得的。

在孔子周游列国时，颜回也曾与老师一同历经艰险。在匡邑被围困时，颜回与其他学生失散，但最终仍然安全地回到孔子身边。当孔子担忧地问及他的安危时，颜回答道："先生在，我做学生的怎么敢死呢！"这份对老师的深厚情感，让人动容，也让孔子感动不已。

颜回的生活虽然清贫，但他从不为此而抱怨。当孔子问他为何不求个一官半职时，他回答说："学生有些薄田，足以自给自足，而且还有琴瑟可以娱乐。只要能学到老师的道德学问，何必出去做什么官呢？"这种淡泊名利、追求学问的精神，正是孔子所倡导的儒家思想的体现。

修炼好的心性

心性恶劣的人，内心往往充斥着不良的念头，这些念头不仅对自己不利，也会对他人造成伤害。他们容易陷入狭隘的思想，自我压抑，常与谬误为伍而不自知。

好的心性与坏的心性，并非总是界限分明。然而，它们时时刻刻影响着我们对事物和生活的看法，指导着我们的行为，与我们的喜怒哀乐紧密相连。

人生的幸福与否、命运的顺畅与否，甚至我们能取得多大的成就，往往都取决于我们的心性。为了拥有健康的心态，为了自身的幸福与命运的顺畅，我们应当时刻关注自己的心性，努力修炼出一种好的心性，作为生活的坚实保障。

欲过之而动不及，心止之也

——克制欲望，人要懂得节制

> **荀子智慧**
>
> 原文：欲过之而动不及，心止之也。
> 译文：有时行动没有达到欲望所到达的程度，是因为行动受内心所限。

这句话描绘了人内心的挣扎与自制。欲望如狂风巨浪，但理智与节制筑起坚固的堤坝，抵挡其冲击。节制源于对自我与世界的认知，让我们明辨是非，坚守底线。在人生路上，面对诱惑与挑战，我们应保持清醒的头脑，用理智指引行为，以自制克制欲望，让心灵在纷扰中寻得宁静的港湾。

利令智昏

战国时期，秦国名将白起挥师攻打韩国，不久便攻取了韩国的野王（今河南省沁阳市），使上党（今山西长治市北）之地陷入孤立无援之境。眼见上党即将沦陷，守将冯亭突然产生了一个念头：与其让秦国轻易夺得此地，不如主动将上党转交给赵国，以此联赵抗秦。于是，冯亭派人带着上党地图去见了赵孝成王。赵王面对此等局势，左右为难，于是召集众臣商议对策。

陛下万万不可错过这良机呀！

好！那便由你去接收上党吧！

大臣赵豹力劝赵王拒绝，他认为无端接受他国馈赠，必将引发祸端。他深知韩国此举意在引秦攻赵，然而赵王并没有采纳他的建议，而是又与平原君赵胜商议。平原君认为不费吹灰之力就能得到土地，实在是很划算，不应该错过这个机会。赵王听了他的话，十分高兴，就派平原君去接收上党，并封冯亭为华阳君。

没想到，秦王见即将到手之地落入了赵国手中，勃然大怒，派白起攻打赵国。赵王派出的赵括空有纸上谈兵之能，根本没有实战经验，结果一败涂地，长平之战中赵国损失士卒四十余万，都城邯郸也岌岌可危。

司马迁在评价此事时，对平原君的行为予以了批评。他认为平原君虽为一代公子，行为高于世俗，却不明白"利令智昏"的道理。利益使人冲昏头脑，丧失理智。平原君贪图冯亭的小利，终致赵国在长平之战中遭受惨重损失，几乎国破家亡。后世用"利令智昏"来形容因贪图利益而失去理智之人，警示世人勿为眼前小利而失大局。

警惕贪欲的侵蚀

常言道："人心不足蛇吞象。"过度的贪欲是一切灾难的起点。人从出生之日开始，便伴随着各种需求。随着身体的成长和与社会的接触，需求也在不断演变。正常的生理与物质需求无可厚非，然而一旦对这些需求过分追求，便会陷入欲望的旋涡中。虽然人对与生俱来的欲望难以割舍，但人因为有理性，应当且能够认清欲望的边界。世间万物，有些值得我们追求与拥有，有些则应当明智地舍弃。老子曾说："祸莫大于不知足，咎莫大于欲得。"那些曾经显赫一时却最终落马之人，几乎都是因贪欲失控，不知节制。贪婪使他们从巅峰跌落，沦为囚徒，甚至走向灭亡。因此，我们应当警惕贪欲的侵蚀，明智地把握欲望的尺度，才能走向真正的幸福与安宁。

学会知足

古人有云："善行乐者，必先知足。"知足，便是那"退一步法"，让人在困境中寻得乐趣。当我们觉得自己贫穷时，想想还有人更穷；当我们觉得自卑时，想想还有处境更差的人。物质上，要知足，因为欲望无止境。贪欲越多，痛苦就越多；减少贪欲，快乐才会更多。贪欲就像锁链，若不舍弃，必被其束缚；又像火把，若不灭之，必将引火烧身。因此，我们应学会知足，珍惜现在拥有的一切，才能享受真正的幸福与安宁。

得陇望蜀

南朝宋时期的范晔所著的《后汉书·岑彭传》中，记载了一个"得陇望蜀"的故事。当年，刘秀战胜王莽，建立了东汉。在这个过程中，大将岑彭的身影尤为耀眼。他跟随刘秀南征北战，立下了赫赫战功，深受刘秀的器重。

随着刘秀对东部地区的稳固控制，他的目光逐渐转向了西部地区。为了实现西进的计划，他任命岑彭为将军。岑彭没有辜负他的期望，迅速攻占了天水，并与偏将军吴汉合作，将隗嚣困在西城。公孙述得知这一消息后，急忙派遣大将李育前往救援。此时，公孙述的军队驻扎在

务必要阻拦岑彭！

臣定当竭尽全力。

上圭，形成了坚固的防线。

然而，刘秀因事需返回洛阳，在出发前，他给岑彭留下了一封信。信中，刘秀明确指示："待西城、上圭两处攻克后，便可挥军进攻四川。"他的目标明确而坚定——平定陇、蜀二地，实现一统天下的愿望。不久之后，隗嚣和公孙述相继被剿灭，刘秀的统一大业得以实现。这段历史不仅展示了刘秀和岑彭的英勇与智慧，更揭示了一个道理：人的欲望是无止境的。

有人说，"得陇望蜀"是人的天性。然而，这种无止境的追求往往会使人陷入疲惫与痛苦之中。知足者常乐，这是一种明智的生活态度。我们应该学会珍惜现在所拥有的，不要总是被欲望所驱使。只有这样，我们才能过上真正幸福而充实的生活。而那些浮躁和贪婪的人，最终只会陷入无尽的痛苦与悔恨之中。

知足常乐

人在无尽的追求中不满足，在简单平凡中却也能自得其乐。而节制，则是在这自我释放与自我克制的交织中，搭建起一个心灵的栖息地。它如同一位智者，在"见好就收"的智慧中，帮助我们避开潜在的风险。知足常乐，则是在这种平衡中寻找生活的真谛。它摒弃了过多的欲望带来的焦躁与虚无，更多了一份理性与温暖。节制，既不是欲望的放纵，也不是禁欲的压抑。它如同一位贴心的朋友，时刻提醒我们，在欲望的海洋中保持清醒。懂得节制的人，不仅情感丰富，更拥有理智与智慧。过度的贪欲如同心魔，会逐渐侵蚀我们的内心；过度的贪欲，则如枷锁，将我们紧紧束缚。唯有合理的需求，才能为我们带来内心的从容与宁静，让我们过上悠然自得的生活，创造属于自己的精彩世界。

荀子讲堂：人定胜天

君子博学而日参省乎己，则知明而行无过矣

——时刻反思，吾日三省吾身

荀子智慧

原文：君子博学而日参省乎己，则知明而行无过矣。

译文：君子假如可以多读书，且每日反省自己的行为，就会更加有智慧，行为上也不会出错了。

这句话传达了学习、反省和自我提升的重要性。博学，意味着广泛吸收知识，不断拓宽自己的视野和认知边界。而"日参省乎己"，则强调了自我反省的重要性，每天都要对自己的行为和思想进行审视，找出自己的不足，以便及时改正。通过这样的做法，一个人才会变得更加明达聪慧，才能够更好地认识和理解世界。

讳疾忌医

春秋时期，名医扁鹊曾数次拜访蔡桓公，试图提醒他身上的疾病。起初，扁鹊直言不讳地指出蔡桓公病情尚浅，只需简单治疗便可康复。然而，蔡桓公固执地认为自己身体健康，对扁鹊的劝告置若罔闻。扁鹊见蔡桓公不听劝，只得无奈地离开了。

十天后，扁鹊再次面见蔡桓公，此时蔡桓公的病情已经深入肌肉，治疗难度加大。然而，蔡桓公依然我行我素，对扁鹊的提醒充耳不闻。扁鹊

只能带着沉重的心情离去，心中充满了对蔡桓公未来的担忧。

又过了十天，扁鹊第三次前来提醒蔡桓公，病情已经危及肠胃，情况越发严重了。但蔡桓公依旧固执己见，拒不接受治疗。扁鹊无奈至极，只能再次离去。

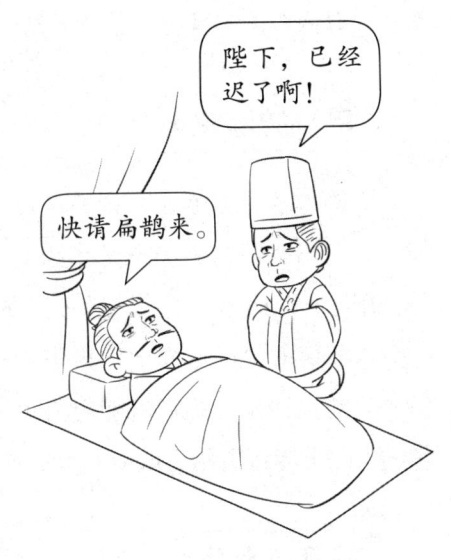

最后一次，扁鹊见到蔡桓公时，选择了沉默。他深知蔡桓公已病入膏肓，无药可救了。蔡桓公察觉到了扁鹊的异常，派人询问原因。扁鹊回答道："病在表皮，热敷即可；在肌肉，扎针可愈；在肠胃，药剂尚能挽回。然而，现在病已深入骨髓，神仙难救。"

果然，仅仅过了五天，蔡桓公便因病情恶化而离世。这位君主因缺乏自我反省的能力，最终走上了不归路。倘若他能及时反省，听从扁鹊的劝告，或许还能有一线生机。

蔡桓公的故事警示我们，自我反省是每个人进步的关键。我们要时刻保持清醒的头脑，审视自己的言谈举止，及时发现并改正错误。

善于自省

观水学做人，自省是修行。时常反观内心，我们便能与光共舞，与尘同行，越发显得深邃而宁静；便能以柔克刚，如丝如缕，执着地克服人生的困境；便能激浊扬清，如激流勇进，无畏无惧地勇往直前。自省，是我们心灵的磨砺，是我们智慧的源泉，它使我们处世灵活，不拘一格，因时而变，因势而变，展现出无尽的生机与活力。

心静如水的人，总是善于自省，他们能在喧嚣的世界中找到一片宁静的角落，及时发现并诚实地面对自己的错误。他们深知，借口只是逃避责任的挡箭牌，它会让人在自大的幻觉中迷失方向。因此，在挫折面前，他们选择静心反省，认清自我，坚定前行。如此，他们才能走好漫长的人生路，收获内心的宁静与智慧，成为真正的人生赢家。

用自省净化心灵

心静如水，才能在繁杂的世界里看清自己，真心反省。自省就像一面镜子，照出我们内心的不足和错误。聪明人知道每天反省自己有多重要，他们用这种方式净化心灵，让心灵更加纯净。

当我们的内心像湖面一样平静时，就能扫除心头的纷扰，让心灵变得清亮。心灵清亮，我们就能看得更远，分辨出对错。这样，我们才能在人生的道路上走得更稳，取得更大的成就。

韩延寿自省

西汉昭帝时期，有个叫韩延寿的燕人，他曾担任过东郡太守。韩延寿很能听人劝，只要是好主意，他都能接受。在东郡任职三年，他管理得井井有条，办案又快又准，在他的治理下，东郡的风气都变好了。

后来，韩延寿又当上了左冯（píng）翊（yì）的太守。他刚上任的时候，好几年都不下去巡视。有一次，手下劝他下去看看，了解一下各地官员的工作情况。韩延寿说："各县都有好官，他们能明辨是非，我下去不仅没用，还可能添麻烦。"手下说："现在正是春耕的时候，下去也能看

您不仅能查看官员的工作情况，还能了解农民的情况。

也好，我们走吧。

看农民的情况。"韩延寿这才决定下去巡视。

他刚走到高陵县（今陕西西安高陵区），就有两兄弟因为争地来找他评理。韩延寿对此十分难过，他说："作为太守，我没能教好百姓，导致他们争地，责任全在我，我应该辞职。"第二天，他就称病闭门反省。官员们见他这样，也都觉得自己没做好。那两兄弟也被他的行为感动了，主动来认错，对于土地也从争到让。韩延寿很高兴，热情地款待了他们，鼓励他们知错就改。这件事发生后，大家对韩延寿更加敬重，冯翊的争讼也大大减少。

只可惜，这么好的官，却遭到了他人的陷害，被定了"狡猾不道"的罪名，被斩首了。行刑那天，几千位官吏和老百姓送他，大家都哭得很伤心。

韩延寿推行礼义，注重礼教感化，公正清廉，反对奢侈浪费，侵扰百姓。他真的是个爱民如子的好官，被称为"循吏"是名副其实的。

学会自省

自省不是让你沉浸在过去的痛苦中，而是要你保持乐观的心态。面对工作中的疏忽、生活中的烦恼，自省是调节心情的良药。自省也能让你勇敢地面对现实，把压力当成生活的调料，增加点味道。而且自省还能帮你把心里的怨恨都扔掉，学会原谅。毕竟，老是抱怨和后悔，只会让自己的心情更糟，还容易得病。所以，要学会原谅别人，更要学会原谅自己。热爱生活的人，在面对疾病时，会积极听取医生的意见，配合治疗，善于宣泄情绪，保持心情舒畅。自省还能让你拥有更多爱心，乐于助人不仅能让世界更美好，还能让你广交朋友，享受长寿之乐。所以，时刻自省吧，让你的心灵更加明亮，生活更加美好！

荀子讲堂：人定胜天

计者取所多，谋者从所可
——戒掉算计，聪明反被聪明误

荀子智慧

原文：计者取所多，谋者从所可。

译文：擅长算计的人会选择多的东西，擅长计划的人则听从自己内心的判断。

善于算计的人，总是企图以最小的付出换取最大的回报；而善于谋划的人，则始终坚持自己认为正确的方法，步步为营。长久以来，人们常将"谋利"与"算计"混为一谈，但荀子精准地指出了这两者之间的本质区别。那些精于算计的人，虽然表面上似乎占尽了便宜，但从长远来看，他们的行为未必正确。他们看似风光无限，名利双收，但到头来往往一无所获。因此，我们应该学会坚守正道，摒弃那些歪门邪道的行为。只有秉持正义、诚实守信，才能在人生的道路上越走越宽广，收获真正的成功和幸福。

赔了夫人又折兵

人们常说"机关算尽太聪明"，实际上这并非真正的聪明。真正的聪明，是懂得泯除心计，超脱于物欲之争，从而避免卷入无休止的争斗漩涡。

三国时期，周瑜与孙权的兄长孙策交情深厚，情同手足。周瑜生得相貌堂堂，才华也十分出众。在曹操百万大军虎视眈眈、长江沿岸岌岌可危之际，东吴有很多人都主张投降，军心动摇。幸亏周瑜挺身而出，力挽狂澜，才使得东吴没有落入曹操之手。

然而，周瑜虽然智勇双全，却也有失算之时。他得知刘备失去甘夫人后，心生一计，要将孙权的妹妹许配给刘备，以此诱捕刘备并逼取荆州。于是，他派遣吕范前往荆州提亲，没想到这一计策早被诸葛亮识破。诸葛亮授予刘备三个锦囊，并派赵云保护刘备，前往东吴。

孙权之母吴国太见刘备英俊潇洒，心生欢喜，有意将爱女许配于他。周瑜与孙权虽不愿此事成真，却怕惹怒吴国太而不敢轻举妄动。刘备看准时机，劝说孙权的妹妹同往荆州，二人密谋在江边祭祖时趁机逃离东吴。

周瑜得知消息，急忙派兵追赶，但孙权的妹妹出面阻拦，让他无计可施。正当周瑜焦急万分时，只见诸葛亮在江边等候，刘备等人已乘船远去。刘备的兵士望着岸边的吴兵，哈哈大笑，嘲讽道："周郎妙计安天下，赔了夫人又折兵！"

这一番较量，周瑜虽智计多端，却终因心机过重而败北。他过于算计他人，最终却反被他人算计，实在是令人唏嘘。

做人要走正道

中国有句古话："聪明反被聪明误。"那些总是算计别人的人，心里算计太多，太看重得失，什么都斤斤计较。可是，这种人活得特别累，算计来算计去，最后往往什么也没得到。跟他们打交道，我们其实也能学到不少东西。得学会怎么应对他们，别跟他们生气，该放手的放手，该放下的放下。

做人要走正道，把聪明才智用在正确的地方，这样才能有所作为，成就一番事业。相反，老想着算计别人，不仅事业难成，还会被人骂得狗血淋头，这可是做人的大败笔。所以，我们要把心思用在正道上，用智慧去创造美好的未来,别老是在那些无谓的算计里打转。

做人要低调谦逊

精明的人常常在群体中过于显眼,破坏了整体的和谐,如同鹤立鸡群,显得格格不入。有些人自视甚高,锋芒毕露,不留余地,总是展现自己的才华,看不起他人,仿佛站在山顶俯瞰众生。然而,这种高调处世的人,在人生道路上往往容易遭遇重大挫折,甚至以悲剧收场。须知,稍有一点成就便趾高气扬,最容易招致打击。做人要低调谦逊,保持一颗平常心,用智慧去创造美好,而非用精明去算计得失。只有这样,才能真正赢得他人的尊重和信任,在人生的道路上走得更远。

伍子胥的遭遇

伍子胥是楚国人,他的父亲是太子建的老师伍奢。在楚平王治下,心术不正的费无忌残害忠良,他的狡诈与残忍令人胆寒。太子建对费无忌的所作所为深恶痛绝,但无奈他势力庞大,一时难以铲除。然而,费无忌心怀叵测,深恐太子掌权后对自己不利,于是开始设计陷害太子。他诬告太子建与其老师伍奢谋反,昏庸的楚平王竟信以为真,将伍奢招来责备了一番。伍奢忠诚耿直,对楚平王的残暴与费无忌的无耻深感愤怒。当被问及为何招兵买马、与太子同谋时,他愤怒地斥责楚平王听信谗言,对自己的亲生骨肉都不信任。楚平王恼羞成怒,将伍奢囚禁了起来。

费无忌并未善罢甘休,他继续挑唆楚平王,声称太子和他的老师感情深厚,如果不将其除去,必有后患。楚平王被其蒙蔽,决定废掉太子,将其杀死。没想到消息走漏出去,太子连夜逃往宋国。

然而,费无忌仍不满足,他

认为伍奢虽然被囚，但其子伍尚和伍子胥智勇双全，不可轻视。于是，他建议楚平王斩草除根，杀掉伍奢父子。楚平王犹豫之际，费无忌献计，让伍奢写信诱骗其子前来。伍尚和伍子胥收到信后，焦急万分，伍尚救父心切，决定前往楚国的都城郢。伍子胥则看出信中所隐藏的阴谋，劝阻伍尚，但伍尚仍坚持前往。

果不出伍子胥所料，伍尚一到郢都便遭囚禁，与伍奢一同被杀。楚平王发出通缉令，悬赏捉拿伍子胥。伍子胥历经磨难，终于渡过长江，投奔吴国。他在吴国得到吴王僚的赏识，被封为士大夫。他与公子光联手，共同谋划伐楚大计。经过九年的准备，吴国终于出兵攻打楚国，伍子胥终于报了父兄之仇。

切莫用心机算计他人

费无忌费尽心思，却始终没能捉住伍子胥，最终反而赔上了自己的性命。这告诉我们，聪明虽好，但若是用来陷害他人，往往容易招来祸端。算计之心，阴险狡诈，难以长久。有些人总以为自己聪明绝顶，却不知世间聪明人比比皆是。费尽心思算计来算计去，到头来往往是竹篮打水一场空，甚至可能赔上自己的性命。

做人做事，切莫用心机算计他人。要知道，天外有天，人外有人，再聪明的人也有他的局限。如果过于精明，只会让自己在群体中显得格格不入，破坏了和谐氛围，最终可能导致自己孤立无援。做人应该谦逊低调，以诚待人，这样才能长久立足于世。算计他人，只会让自己陷入无尽的困境，而真诚待人，才能赢得他人的尊重和信任，从而在生活中取得更大的成就。

荀子讲堂：人定胜天

凡人之欲为善者，为性恶也
——正确看待自己所追求的

荀子智慧

原文：凡人之欲为善者，为性恶也。

译文：人们要做好事，就在于人性中存在不好的一面。

这里的"性恶"并非指人们生来就是邪恶的，而是强调人性中的不完美和缺陷，正是这些不完美和缺陷使得人们有向善的需求和动力。从更深层次的角度看，这句话也揭示了人类自我完善和自我超越的渴望。人们认识到自己的不完美，因此努力去行善积德，以期达到更高的境界。

两只老鼠

有两只老鼠是好朋友，一只住在繁华的城市，另一只则住在宁静的乡下。

秋天，乡下的老鼠准备了许多丰盛的食物，并给城里的朋友发出了邀请："城市鼠兄，有空来我这乡下寒舍坐坐吗？这里的生活虽然简朴，但你可以尽享田园的宁静，呼吸清新的空气，体验不一样的生活。"城市的老鼠收到信后，欣然前往。

乡下的老鼠见朋友来了，十分高兴，拿出半年来积攒的栗子、核桃等食物热情款待它。然而，城市的老鼠看着这些食物，却有些失望："你的生活怎么这么清苦？这里

尝尝我这里的特产吧！

你平时就吃这种东西吗？

除了食物，什么都没有，太无趣了。跟我去城里吧，让你见识见识真正的世界。"

于是，乡下的老鼠跟随城市的老鼠来到了城市。城市的繁华与奢侈让它大开眼界，看着那些豪华的房子和精致的食物，它不禁感叹自己的命运不济。

两只老鼠走进餐厅，一边品尝美食，一边畅聊。突然，一阵脚步声传来，有人进来了。两只老鼠惊慌失措，无处可逃，只好躲在杂物堆里屏住呼吸，才勉强逃过了一劫。

经历了一场惊吓，乡下的老鼠的心情久久不能平静。它终于明白，城市的生活看似美好，但那种提心吊胆的日子并不适合自己。于是，它决定回到乡下，继续过平静安宁的生活。

生活也是如此，每个人都有自己适合的生活方式。只有找到适合自己的生活方式，才能真正感受到生活的轻松和快乐。

保持平常心

我们时常在追求梦想的路上，忘记停下来审视自己的内心，思考什么才是真正适合自己的。在为了财富、权力而奔波时，我们是否曾停下来，欣赏一下身边的美景？也许，那些被我们忽略的，才是最值得珍惜的。

生活中，很多人为了学习、工作而忙碌，背负着沉重的压力。他们忙于奔波，却错过了沿途的风景。当过于追求目标时，我们往往会失去一颗平常心，感受到生活的失衡与痛苦。

因此，我们需要珍惜自己的人生，热爱自己的生命，保持一颗平常心。淡然看待一切，享受生活中的每一刻，只有这样，我们才能在困难和悲伤中找到属于自己的快乐。以平常心面对生活，顺其自然、随遇而安，我们才能真正领悟到平静生活中幸福的真谛。

珍视自己拥有的

成功的道路千差万别，难以一概而论。有时，即使我们到达了心中的彼岸，也未必能真正感受到幸福。因为有些人的快乐在于不断地追求与争取，他们的目标永远在远方。虽然这种快乐可能有一些不足，但正是这种不懈的追求，让他们能够在人生的舞台上成就非凡。

因此，我们不必羡慕他人所拥有的，只需珍视自己所拥有的，并顺应内心的呼唤，去追寻那份真正属于自己的幸福。只有这样，我们才能真正品味到幸福的真谛，让心灵在满足与宁静中绽放出最美的花朵。

顺其自然

夏天快到了，庙里的草地却仍是一片枯黄。小和尚急忙跑到禅房，向老和尚提议："师父，那片草地如此枯黄，咱们不如撒些草籽儿，给它增添点绿意吧。"老和尚听后，轻轻点头，微笑道："这主意不错，只是近日天气炎热，等天气凉快些再撒吧。"

小和尚等啊等，终于等来了撒种的日子。他兴高采烈地从老和尚手中接过草籽，可就在他打开袋子的一刹那，一阵秋风吹过，草籽随风飘散。小和尚大惊失色，急忙喊道："师父，不好了！草籽被风吹走了！"老和尚却淡定自若地说："你莫慌。那些被风吹走的，大多是空的，即使种下也不会发芽。让它们随风去吧。"

小和尚重新捧起剩下的草籽，小心翼翼地撒向草地。没想到一群麻雀飞来，吃掉了很

多草籽。小和尚急得直跺脚,急忙向师父求助。老和尚却笑容满面地安慰道:"你莫要忧虑。麻雀吃掉的只是一小部分,它们吃不完的。一切顺其自然吧。"

播种之夜,天公不作美,暴雨倾盆而下。小和尚非常担心,第二天一大早就去查看那片草地。只见草地被雨水冲刷得一片狼藉,草籽几乎找不到了。他伤心地跑到师父面前哭诉:"师父,草籽都被雨水冲走了!"老和尚轻抚他的头,温和地说:"你别难过了。让它们在哪儿发芽就在哪儿安家吧。一切顺其自然。"不久后,那片枯黄的草地竟然神奇地长出了一片翠绿的小苗。更令人惊讶的是,没有撒草籽的地方也长出了绿叶。小和尚欣喜若狂,他急忙跑去师父的禅房,分享这个好消息:"师父,您看!草籽发芽了,连没有撒草籽的地方也长出了小草!"老和尚眯起眼睛,微笑着点头说:"顺其自然,一切都是最好的安排。"

幸福源于内心的平和与满足

人不要盲目追逐那些遥不可及的幻象,须知幸福往往就在你的一念之间。你眼中他人拥有的美好,或许对你而言并无实质价值;而你曾心生厌烦的事物,或许正是你生命中的无价之宝。抱持这样的心境,你才能不盲从、不浮躁,从容面对生活中的得失。

追求自己所没有的,本是人之常情,关键在于如何正确看待这一切。不要因为得不到而心生怨怒,也不要因为拥有了而沾沾自喜。幸福并非外界所赋予的,而是源于内心的平和与满足。当你学会珍惜当下,感恩拥有,你会发现,幸福其实就在身边,就在你的一念之间。

因此,让我们怀抱一颗平和之心,不盲目追求,不轻易放弃。正确看待自己所追求的,珍惜自己所拥有的,让幸福在生活的点滴中悄然绽放。

荀子讲堂：人定胜天

声无小而不闻，行无隐而不形
——默默努力，是金子总会发光

荀子智慧

原文：声无小而不闻，行无隐而不形。

译文：即便声音再小，灵敏的耳朵都会听到；即便行为隐藏得再好，总会在不知不觉间暴露。

失败者之所以失败，其关键往往在于缺乏耐心，急切追求速成。他们在经历一段时间的等待与努力后，一旦未见成果，便轻易放弃，甚至转而追求其他目标。然而，成功并非一蹴而就，它需要我们持之以恒，不断积累。正如铁杵磨针、水滴石穿、跬步千里，这些典故都揭示了耐心对于成功的重要性。一个人的成功，不在于他拥有多大的能力，而在于他能否坚持不懈，持之以恒。

养由基教徒弟

古时候有一位名震四方的射手，名叫养由基。他的箭术之高超，可谓举世无双。据说，他能在百步之外精准射中杨树叶片，每一箭都如同有灵性的神鹰，直指目标，从未失手。因此，他被誉为"神射手"，闻名遐迩。

一位年轻人听闻了养由基的事迹，心生敬仰，决心要拜他为师。他找到了养由基，并多次诚恳地请求拜师。养由基见年轻人如此诚

请让我跟着您学习吧！

既然你如此诚心，我同意了。

心，便答应了他的请求。

然而，养由基的教学方式令这位年轻人大感困惑。他没有直接教年轻人射箭的技巧，而是让他把一根细针放在距离眼睛几尺远的地方，目不转睛地盯着它看。年轻人不解地问："师父，我是来学射箭的，您为何要我做这种看似无关紧要的事情呢？"养由基微笑不语，只说："你正在学习射术，继续看吧。"

起初，年轻人还能耐着性子看，但过了几天，他便感到厌烦不已。接着，养由基又教他练臂力的方法，让他整天端着一块沉重的石头，伸直手臂，不能颤动。这更让年轻人感到不解和痛苦，他心想："我只学射术，为何要受这种苦？"于是，他不愿再练，心生不满。

养由基看出他的心思，便让他离开了。年轻人离开养由基后，又跟其他老师学艺，空费了许多时间和精力，始终没能学到真正的射术。

在追逐中保持平和

西方有句谚语："条条大路通罗马。"意在告诉我们，达成目标的路径并非唯一。然而，有些人过于执着于证明自己的成功，一举一动都似乎在宣告胜利的来临，却往往忽略了过程的重要性，结果常常是欲速则不达。

如果对成功毫无向往，则生命恐将沦为虚无，如同草木一秋，生生死死，毫无意义。但若过分追逐成功，甚至视其为生命的全部，那么这重担终将压垮身心。有人误将忙碌视为充实，形式大于内容，而不自知。这样的成功，又怎能称为真正的成功？

在这个浮躁的时代，保持内心的平和与无悔，并不是一件容易的事。我们向往成功，但不必孤芳自赏。急于证明成功并非明智之举，因为真正的光芒，无须炫耀。那些渴望成功的人，或许应当聆听圣哲荀子的教诲，学会在追逐中保持平和，才能真正领悟成功的真谛。

要有耐心与毅力

即便实力过人,如果没有机遇与运气的眷顾,钻石也可能隐匿于尘土。而毅力和恒心,是战胜一切困难的利剑。成功并不是一蹴而就的,需从基础筑起,就像万丈高楼平地起一样。这段磨砺的时光,虽辛苦却宝贵,能锻造能力,编织人脉,为未来打好基础。所以我们要珍视眼下,有耐心且自信,相信辛勤终有回报。那些急于求成、眼高手低的人,只会和成功背道而驰。耐心与毅力,才是通往成功的必由之路。

陈子昂摔琴

唐朝时期,陈子昂怀揣着满腔热血与横溢的才华踏入繁华的京城,渴望一展抱负。然而,现实如冰冷的水,浇灭了他初燃的希望之火。他将自己的得意之作呈给那些文坛巨擘,却如同石沉大海,杳无音信。

一天,长安东市商业区熙熙攘攘,一把璀璨夺目的胡琴吸引了无数人的目光。那把胡琴光亮照人,精美绝伦,标价百万,令人咋舌。而卖主的态度更是坚决,少一个子儿也不卖。消息迅速传遍了整个长安城,人们议论纷纷,好奇心驱使着他们前去一探究竟。

陈子昂看到这个千载难逢的机会,决定借此东风,为自己的才华铺路。他邀请了几位朋友一同来到东市,毫不犹豫地买下了那把胡琴,并高声宣布,将在家中举办一场盛大的演奏会,邀请众人前来欣赏。

第二天,陈子昂的家中热闹非凡。宾客们满怀期待地等着他的演奏。然而,当陈子昂出现在众人面前时,他却出人意料地举起了手中的胡琴,猛地摔在了地上。众人哗然,惊疑不定。陈子昂却微微一笑,自信地说:"我并非以演奏为业,我真正擅长的是写文章。今日请各位来,是想请各位品鉴一下我的文章。"

说罢,他让小书童捧出一卷卷誊抄工整的文章,依次送给每位来宾。人们仔细阅读了文章后,才发现他的文章刚劲质朴,有西汉文学大家的风范;诗歌清新明朗,有汉末才子的风骨。人们这才真正领略到了陈子昂的才华,无不为之惊叹。

从此,陈子昂的名字传遍了整个长安城。他从一个默默无闻的小辈,一跃成为众人瞩目的文学新星。他的成功并非偶然,而是他坚持不懈、勇于展现自己的结果。

成功的秘诀在于永不言弃

人们常说,"是金子总会发光",陈子昂便是那璀璨夺目的金子。然而,唐朝的文坛巨匠们未曾向他投来认可的目光。若非他懂得寻找机会,他的名字或许早已被历史遗忘,他那激昂的诗篇也无法流传至今。

怀才不遇固然令人郁闷,但绝不可因此而沉沦。陈子昂深知,金子虽好,机遇却更为关键。他勇敢地把握每一次机会,终让才华得以展现。

人生就像马拉松,漫长而枯燥。但请记住,唯有坚持到最后,才能赢得胜利。成功的秘诀在于永不言弃,即使疲惫不堪,也要勇往直前。当你心生放弃之念时,不妨回首那些坚持的日子,它们会给予你力量,激励你继续前进。

因此,无论身处何种境遇,我们都要像陈子昂那样,积极寻找机遇,坚定信念,永不放弃。如此,才能成就一番事业,让生命焕发出耀眼的光芒。

凡事行，有益于理者，立之；无益于理者，废之

——坚持自我，不要盲从他人

荀子智慧

原文：凡事行，有益于理者，立之；无益于理者，废之。

译文：无论什么事情，只要有益于原则，就大胆去做；如果不是，就不要做。

当我们面对选择时，应当立足于理性和长远利益，而不是盲目跟风或仅凭一时冲动。只有那些真正符合逻辑、能够带来实际好处的事情，才值得我们投入时间和精力去实践。同时，对于那些虽然看似诱人却不符合逻辑的事情，我们应当果断地放弃。不要因为一时的诱惑或短视而做出错误的决策，否则最终只会得不偿失。

布谷鸟造房子

布谷鸟决心要建造一座属于自己的房子，它日夜辛劳，不停地拾取木棍、和泥。在这繁忙的时刻，一只麻雀飞了过来，停在旁边，好奇地问道："布谷鸟哥哥，你这是在盖房子吗？"布谷鸟抬头微笑着回应："麻雀老弟，我正忙着盖我的新家呢。"

麻雀仔细打量了一下，皱了皱眉，说："布谷鸟哥哥，我觉得这地方不太好。"布谷鸟有些不解，问道："为什么呢？"麻雀解释道："这儿靠近路边，人来人往，你的家

你这个地方选得不好。

那我还是换个地方吧！

若是建在这里,下蛋、孵雏都容易受到伤害。"布谷鸟听了,心中一惊,感激地说:"谢谢你提醒我!"于是,它重新选择了森林深处的一棵大树建房。

就在布谷鸟忙碌的时候,一只猫头鹰悄然飞来,停在房子附近。它看着布谷鸟忙碌的身影,说道:"布谷鸟弟弟,你这是在建造新家吗?"布谷鸟抬起头,笑着回答:"猫头鹰哥哥,你看我这新家怎么样?"猫头鹰却皱眉道:"我觉得这地方不适合。"布谷鸟疑惑地问:"为什么?"猫头鹰说:"大树太高,风雨雷电都可能对它造成损害。"布谷鸟听后,心中又是一惊,连声道谢,于是又决定改变地点。

随后,布谷鸟又在大树的下方开始建房,但又被啄木鸟指出位置太低,容易遭受山火等灾害的威胁。接着,黄鹂也飞过来,提醒布谷鸟树林里毒蛇多,不宜建房。布谷鸟每次都虚心接受,但每次都改变了建房地点。

从春天到夏天,从秋天到冬天,布谷鸟为了建造房子东奔西走,但始终没能把房子盖起来。

不要盲目听从他人意见

盲目听从他人意见,缺乏独立思考,是人们常见的误区。无论外界如何议论,我们都应保持自己的主见。关于行动的方向、方法和动机,都应该由自己深思熟虑。他人的观点只能作为参考,不可盲从。坚守自己的立场,不被他人轻易动摇,才能更接近成功。

人们往往受从众心理的影响,当周围反对的声音增多时,容易怀疑自己的选择,进而改变立场。这种盲从极为可怕,即便真理原本站在你这边,也可能因此与你失之交臂。为了追寻真理,我们必须打破盲从的桎梏,坚持自我。

生活中，有些人为了私利，会诱导他人替自己办事，而盲从往往是他们得逞的推手。盲目跟从他人，是悲哀的，因为别人的喜好和见解并不等同于你的。盲从不仅会让你一事无成，还会浪费精力。因此，我们必须学会独立思考，不要轻易被他人的意见左右，这样才能真正实现自己的价值。

学会独立思考

你是否曾依赖前辈、老师的经验，将其奉为圭臬，却因此束缚了思想，陷入无法自拔的困境？许多人常因羡慕他人而盲目模仿，从穿衣方式到走路姿势，一味追求外在的相似，却忽视了内在的自我。这样的模仿，不仅没能学到别人的长处，反而遗忘了自己的本领，真是令人叹息。因此，我们必须学会独立思考，不随波逐流，不盲从权威。当遇到与自己观点不符的情况时，要有勇气大声地表达并坚持到底。这种坚持自我、不畏挑战的勇气，才是我们真正应该追求的。

邯郸学步

战国时期，燕国有个少年，总觉得自己走路的姿势不好看。他听说赵国都城邯郸的居民行走时风度翩翩，步态从容且优雅，就决心前往邯郸，学习邯郸居民的走路姿势。

他无视家人的担忧与反对，毅然收拾行囊，带上盘缠，踏上了求学之路。跋山涉水，历经艰辛，他终于抵达了邯郸。站在繁华的街头，他瞪大了眼睛，看着来来往往的人群，心中满是震撼与期待。

这个人走路的姿势好奇怪啊！

我一定要学会！

然而，当他真正开始尝试模仿邯郸人的走路姿势时，却发现自己无从下手。他跟在行人身后，亦步亦趋地模仿着，但总是无法掌握其中的精髓。有时稍不留心，就会弄错左右脚，搞得自己满头大汗。

看着越走越远的行人,他无奈地回到原地,心中充满了挫败感。接着,他又盯上了另一个行人,再次尝试模仿。然而,这一次他吸引了许多路人的目光,有的还捂嘴偷笑,让他感到无比尴尬。

几天下来,他累得腰酸腿疼,但效果微乎其微。他开始反思,觉得自己学不好的原因可能是受到原来走路习惯的影响。于是,他下定决心要彻底摒弃旧有的走法,从头开始学习。

> 你这是在做什么呀?
>
> 我忘了该怎么走路了!

然而,几个月过去了,他不仅没有学会邯郸人的走法,就连自己原来的走路方式也忘得一干二净。眼看盘缠耗尽,他只得沮丧地准备回家。此时他才发现,自己已经忘记了如何走路。无奈之下,他只好在地上爬行,狼狈不堪地回到了燕国。这番经历,让他深刻体会到了盲目模仿和失去自我的可悲下场。

独立的人不会轻信盲从

许多人在追逐时髦与流行的浪潮中,盲目跟从,却忘却了自身独特的才干与兴趣,最终连原本的优势也一并失去。他们得到的,不过是短暂的喧嚣与热闹,却失去了通往真正成功的道路。一个真正独立的人,绝不会轻信和盲从。因为心灵的完整是每个人最宝贵的财富,一旦破碎,便难以再修补。

当我们放弃自我立场,用他人的观点来评价事物时,很容易犯错。真正的成熟,不是逃避到舒适的避难所去顺应环境,而是敢于坚持自己的观点与主张。

在生活中,不盲从、不随波逐流,至关重要。唯有如此,我们才能真正拥有完整的心灵,让它保持神圣与纯净。记住,跟随他人,永远只能亦步亦趋,居于人后。唯有独立思考,勇敢前行,才能走向那条真正属于自己的成功之路。

荀子讲堂：人定胜天

言有招祸也，行有招辱也，君子慎其所立乎

——做人要懂得放低姿态

> **荀子智慧**
>
> 原文：言有招祸也，行有招辱也，君子慎其所立乎。
>
> 译文：言语可能会给自己带来灾祸，行为也许会让自己蒙受屈辱，君子待人接物，一定要慎之又慎。

《周易》中"亢龙有悔"的智慧，告诫我们倨傲者易招灾祸。荀子强调君子言行须谨慎，然而在纷繁复杂的人性丛林中，许多人没能收敛，言行不慎，他们自视过高，处处争强好胜，不知退让，最终只会招致祸患，陷入无尽的烦恼之中。因此，我们应当时刻提醒自己，谦虚谨慎，以和为贵，才能行走世间，平安顺遂。

杨仪的悲剧

诸葛亮去世后，刘禅按照他的遗愿，让蒋琬做了丞相和大将军，还让他负责尚书的事务。同时，他也提拔了费祎做尚书令，一起辅佐蒋琬处理国家大事。

可是，杨仪这位曾经也立下大功的官员，却没能得到更高的职位，心里很不是滋味。他找到费祎，抱怨说蒋琬凭什么能当丞相，还流露出后悔没有投靠魏国的遗憾。费祎是杨仪的老朋友，本来应

> 早知道我就该去投靠魏国！
>
> 你这话可当真？

该在这个时候安慰他、理解他。可是，他跑去跟刘禅打小报告，让杨仪的处境更加艰难。这简直就是对杨仪的背叛和伤害，让他更加痛苦。

其实，长史这个官职已经很高了。但是，杨仪总喜欢和别人比，总觉得自己应该得到更高的职位。他在那种敌军压境、国家内忧外患的时候，都能被诸葛亮看重，让他负责重要任务，这就说明他确实有本事、有能力。可是，诸葛亮并没有推荐他担任更高的官，这可能也说明他在为人处世方面还是有些问题的。

杨仪就像那种特别会打仗的将军，能带领军队打赢很多仗。但是，他不懂得怎么和上级、下级、同事好好相处，这让他只能打打仗，不能处理国家大事。他太想升官了，总想着要更高的职位。可是，有时候期望太高，现实却无法满足，就会让人心里不舒服，表现出不成熟的样子。这就是杨仪的悲剧，他太想出风头了，结果却因为自己的问题，让自己陷入了困境。

低调做人

常言道："做人要低姿态，做事要高水平。"低调做人，实则是人生智慧的体现。它避免了忌妒的目光，让我们得以在平静与和谐中享受生活的美好。低调，既是一种品格，也是一种风度，它展现出宽广的胸襟和深沉的智慧，无疑是做人的上乘姿态。

要想赢得别人的赞赏和钦佩，待人以宽是关键。这就像种树，根基扎得深，树才能长得茂盛，结出累累硕果。如果根基不牢，树就容易枯萎，稍微一点风雨就可能被吹倒。低调做人，和大家和和气气地相处，不仅能帮助我们积攒力量，默默前进，还可能在不经意间取得成就。有时候，名气太大反而不是好事，低调做人，遇到困难时可能更容易找到转机。和人打交道时，特别是在处于不利情况时，稍微退让一步，可能就能避开麻烦，甚至找到新的出路，重新掌握主动权。所以，学会低调做人，不仅是聪明的表现，更是成功的重要方法。

小不忍则乱大谋

在人生的道路上，我们难免会遇到各种不平之事。有时为了所谓的面子和尊严，我们可能会与人争斗，但这样的行为往往会导致损失惨重，甚至一败涂地。要知道，小不忍则乱大谋，一时的忍耐，是为了更长远的发展。在人际交往中，舍弃一些微利，更能赢得他人的好感，为自己积累人脉和影响力。记住，有舍才有得，善于运用这一智慧，必将带来意想不到的收获。

范雎复仇

范雎原本只是一个出身贫寒的魏国人，心里怀揣着一个大大的梦想，那就是在魏王麾下施展自己的才华，为他出谋划策。可是，命运似乎并不眷顾他，他始终没能直接接触到魏王，只能退而求其次，成为中大夫须贾的门客。

有一次，范雎随须贾出使齐国，齐襄王一眼就看出了他的不凡之处，对他赞赏有加，还赠予他重金和贵重物品。这本是范雎展现才华的好机会，谁知却引来了须贾的忌妒和误解。须贾误以为范雎泄露了魏国的机密，一怒之下向魏相魏齐报告。魏齐不分青红皂白，下令对范雎施以毒打。那一刻，范雎被打得遍体鳞伤，几乎丧命。

好在范雎凭借着顽强的毅力和过人的智慧，装死逃过一劫，被丢弃在茅厕之中。随后，他又在极端恶劣的环境中，设法逃出了魏国，来到了秦国都城咸阳。在咸阳，范雎改名换姓为张禄，开始了新的生活。他凭借着自己的聪明才智和出色的辩才，逐渐赢得了秦昭襄王的信任和器重。他向秦昭襄王提出了一系列内政外交的主张，帮助秦国逐渐走出困境，实现了国力的强盛。

范雎最为人所称道的是"远交近攻"的外交政策，这一策略为秦国日后统一六国奠定了重要基础。而他的第一个攻击目标，竟然是魏国。当魏国得知这个消息后，惊恐万分，派出了使臣须贾前来求和。范雎巧妙地利用这次机会，让须贾误以为他只是一个普通的仆役，从而轻易地取得了须贾的信任。最终，范雎成功迫使魏国交出了魏齐的人头，为自己的屈辱复了仇。

低调做人

低调做人，其实就是心里谦虚，不张扬。有了成绩也不骄傲，真正有智慧的人，他们就能做到。我们说的低调，不是看不起自己，而是心里自信，又不显摆。这样，我们就能给自己留下更多空间，过得更自在。

学会低调做人，就是不去显摆，不去招人忌妒。哪怕你真的很厉害，也要懂得藏着点，别显摆。有时候，大家觉得高调才能成功，其实不对。低调点，反而更容易获得成功。

简单来说，低调做人就是心态平和，不骄傲也不自卑。这是一种聪明的活法，也是一种高境界。就像在喧闹的城市里找个安静的地方，让自己的心静下来，过得更轻松自在。所以，低调做人真的很重要，它能让我们的生活更美好。

荀子讲堂：人定胜天

彼求之而后得，为之而后成，积之而后高，尽之而后圣

——保持不断进取的状态

荀子智慧

原文：彼求之而后得，为之而后成，积之而后高，尽之而后圣。

译文：人要持续探求，才能得到些什么；持续去做，才能取得成绩；持续积累，才能提升自己；要做到完美的程度，才能被称为"圣人"。

人们失败的根源往往在于两点：或因畏惧困难而中途退缩，或因满足现状而止步不前。成功，实则是人生价值的极致展现，也是潜能的彻底释放。每个人内藏的潜能深不可测，难以估量。但唯有敢于尝试，不断挑战自我，才能探寻其边界，激发无尽的力量。因此，我们不应畏惧困难，也不应满足于现状，而应勇往直前，才能书写非凡人生的华章。

徐悲鸿学画

徐悲鸿是画界的翘楚，他笔下的马儿，每一匹都仿佛有了生命，跃然纸上，让人看了都忍不住想要去摸一摸，感受那肌肉的紧绷与活力。那么，他到底是怎么做到的呢？

这背后徐悲鸿可是下了不少功夫的。在法国留学时，他几乎天天泡在巴黎博物院里，那里的画作和雕塑，成了他素描练习的"宝贝"。他常常拿着纸笔，仔细看着，一笔一笔地

（你怎么不去吃饭？）

（这匹马我还没画完呢！）

画，特别是对那些马，简直是情有独钟。为了画画，他连饭都顾不上吃，有时候就啃个面包，喝点白开水，这样就有更多的时间来研究马了。

徐悲鸿知道，要想在画坛上站住脚，光模仿别人是不够的。他得有自己的想法、自己的风格。所以，无论他走到哪里，看到好马就停下来仔细看，有时候还跟在马后面跑，就是为了观察马的一举一动，看它们是怎么跑的、怎么站的。

就这样，徐悲鸿的马越画越好。他画的马线条流畅，体态强健，简直就像活的一样。那些看过他的《奔马图》的人，没有一个不被那气势、那神态所震撼。就这样，徐悲鸿凭着这些画，成了书画界的翘楚，大家都尊敬地称他为一代宗师。

所以，想要做好一件事，就得像徐悲鸿那样，用心去学，用心去钻研，不怕吃苦，不怕受累。只有这样，才能做出真正的好东西，赢得大家的认可和喜爱。

怀揣一颗不满足的心

知足常乐，固然是人生的智慧，然而在某些时候，一颗永不满足的心却更能点燃成功的火花。这种不满足并非贪婪无度，而是对已有成就的超越，对更大目标的追求。物质、地位和财富，皆可通过他人之手获取，然而个人的精神世界，却无人可替，它需要我们亲手去创造、去雕琢。心境的不同，决定了精神世界的不同风貌。积极乐观者，其内心世界犹如春日暖阳，温暖而祥和；而悲观消极者，其精神领域则可能一片荒凉。拥有一颗永不满足的心，便是拥有了不断学习的动力，为自己的精神世界不断添砖加瓦。这样的人生，虽充满挑战，却更加充实和精彩。因此，让我们怀揣这颗不满足的心，勇敢追求，让精神世界因我们的努力而更加绚烂多彩吧。

不断挑战自己

未来就像一张白纸,等着我们去描绘。如果只满足于一点点小成就,那人生就会像白开水一样平淡。我们要有一颗永远不满足的心,才能在这张纸上画出更精彩的人生。行动当然重要,但心里的那股劲儿更关键。如果我们一帆风顺就停下来,那高峰永远也攀登不上去。不满足,就是要一直向前冲,它决定了我们能走多远,过得有多精彩。有了这种心态,不管走哪条路,都能干出大事来。所以,我们应不断挑战自己,去创造出更美好的未来!

干涸的沼泽

在广袤的大地上有一片沼泽,它静静地躺在那里,与世无争。沼泽的旁边,有一条河流,它奔腾不息,一刻也不停歇。

沼泽看着河流忙碌的身影,心里很是疑惑。它对河流说:"你整天这么忙碌,一定很累吧?你一会儿载着大船,一会儿驮着木筏,还要应对无数的小船和小筏子。你为什么不停下来,像我一样悠闲地生活呢?我每天就是躺在柔软的泥岸之间,享受阳光的照耀,偶尔有几片落叶飘落在身上,那就是风送给我的礼物。我觉得这样的生活才是真正的幸福。"

河流听了沼泽的话,微笑着回答:"沼泽啊,你虽然过得很安逸,但是你有没有想过,这样的生活其实是停滞不前的?水只有流动才能保持新鲜,就像我,虽然忙碌,但是我一直在前进,一直在为人们带来幸福和便利。而你虽然现在看起来很舒适,但是随着时间的推移,你的水会变得越

> 你说得也太夸张了吧。

> 总有一天你会干涸的。

来越混浊,最终会干涸。"

沼泽听了河流的话,心里并不以为意。它觉得河流说得太夸张了,自己现在的生活明明就很好。

然而,岁月如梭,河流的预言很快就应验了。那条壮丽的河流依旧奔腾不息,而沼泽一年比一年浅。它的水也变得越来越混浊,表面逐渐覆盖了一层黏液。芦苇迅速生长,最终,这片曾经宁静的沼泽彻底干涸了。

沼泽这时才意识到,自己曾经以为的安逸生活,其实是一种停滞不前;而河流那种不断进取、不断追求新鲜与变化的精神,才是真正的智慧。

要有进取心

成功的人,往往不是那些只会跟着别人走的人。他们不会因为一点点小成就就满足,心里总是想着要变得更好。想要成功,就要记住:只有敢于打破常规,才能轻松上阵,做出非凡的成就,最后登上成功的顶峰。

人生就像一场永不停歇的旅行,得一直往前走,不断追求进步。拥有一颗不满足的心,就像有个不停转动的马达,推动你朝着目标前进。想象一下,航海的罗盘,在没磁化之前,指针乱指;一旦被磁化,就像被施了魔法,总是指向一个方向。对人来说,那魔法就是进取心。每次我们达到一个高度,它就呼唤我们继续往更高的山峰爬。

所以,我们要带着这颗不满足的心,不断挑战自己,超越自己的极限。这样,我们才能在人生的航程中,始终保持正确的方向,最终到达成功的彼岸。

第二篇 掌控自己的命运

　　荀子坚信，凭借智慧和勤奋，我们得以洞悉并掌握自然的运行规律与法则。他主张"制天命而用之"，即人应当顺应自然的节奏，同时发挥主观能动性，掌握这些规律，使之成为推动人类命运前行的力量，而非被命运的无常所摆布。这种理念彰显了人对自己命运的主宰，以及对自然规律的深刻理解和巧妙运用。

荀子讲堂：人定胜天

人之命在天
——性格决定命运

荀子智慧

原文：人之命在天。

译文：人的生命受之于自然。

成功与失败，主要源于两大因素：机遇与个人性格。在社会生活中，机会犹如雨露，对每个人都是公平的。然而，为何有人能紧握机遇，攀登成功之巅，而大多数人却屡屡错过，埋怨命运的不公？这背后实际上隐藏着性格的差异。俗话说"三岁看大，七岁看老"，先天的性格决定了人们如何面对和把握机遇，其往往是成功的关键所在。

赵氏孤儿

春秋中期，赵朔与屠岸贾的恩怨导致了赵氏家族的悲剧。赵朔的全家被屠岸贾残忍杀害，唯有贵为公主的妻子与襁褓中的婴儿赵武幸免于难。在这黑暗时刻，赵朔的挚友程婴挺身而出，冒着巨大的风险将赵武秘密地救出，却因此被误解为背信弃义之人，背负了不忠不义的骂名。然而，世人不知道的是，那个被屠岸贾残忍杀害的"赵氏孤儿"实际上是程婴的亲生儿子，他用自己的儿子为赵武换取了生存的机会。

你居然用我们的孩子去换！

小点声，以后不要提了。

十五载光阴荏苒，赵武在程婴的悉心照料下茁壮成长。从一个天真无邪的孩童，逐渐蜕变为一个肩负家仇国恨的青年。他的性格在成长过程中发生了巨大的变化，从无忧无虑的快乐逐渐转变为深沉而坚毅。当他得知自己的身世真相后，那份责任与使命让他不得不变得更为强大和残忍。

然而，这份沉重的成长代价也让赵武的晚年饱受疲惫之苦。他时常感到力不从心，对身边的人感叹自己不过是苟且偷生。尽管婴儿时期的传奇经历并未直接影响他的青春期成长，但身世秘密的揭晓成为他一生无法释怀的沉重负担。赵武的一生充满了戏剧性，他的性格在环境和命运的双重影响下不断发生着变化，成为史书中一个备受热议的人物。

复杂的性格

性格是一种深邃且复杂的心理结构，其丰富性源于其多元的内涵。从对世界的态度上，它可能表现为正直、诚实，或相反；从意志层面，它彰显出个体的独立性、自制力和坚韧不拔；在情感层面，它则体现于情感的强度、稳定性与持久性；而在理智层面，它可能展现为深思熟虑或浪漫想象。这些性格特征在每个人身上都以独特的方式交织融合，相互作用，共同塑造出独一无二的个性面貌。然而，"性格"一词，尽管我们频繁使用，却往往没能真正深入理解其背后的复杂性和多维性，它远非简单的标签所能概括，而是每个人内心世界的独特写照。

性格就是你的命运

有这样一句谚语："播种行为，收获习惯；播种习惯，收获性格；播种性格，收获命运。"虽然我们不能选择自己的出身和环境，但我们可以通过思考和性格来改变命运。当面临困难时，放弃或坚持，都取决于你的选择。真正掌握自己的性格就等于掌握自己的命运。

要想成功和幸福，得有好性格。热爱学习、为集体出力、关心别人，这些都是成功的要素。对别人宽容、诚实，别人才会真心待你。性格就是你的命运，用积极的态度面对生活，你就能主宰自己的命运。

管鲍之交

管仲虽然是一代名相，但他早年的生活并不容易，他家境贫寒，只能和年迈的母亲相依为命。但他有幸结识了鲍叔牙，鲍叔牙十分体谅他，对他十分友好，二人的关系也十分融洽。

有一次，他们合伙做生意赚了不少钱，管仲把大部分钱都拿走了。鲍叔牙的家仆知道后很生气，但鲍叔牙只是笑了笑，说："管仲这样做，是因为他得养活他年迈的母亲，我们应该理解他。"两人还一起上过战场，但每次管仲都躲在鲍叔牙后面，看起来很怕死的样子。但鲍叔牙还是替他说好话："管仲不是真的怕死，他得确保他母亲有人照顾，所以不能轻易冒险。"管仲对鲍叔牙的理解和包容非常感激，把他当成了真正的朋友。

后来，他们各自辅佐了公子纠和公子小白。当齐国发生内乱，两位

公子争夺王位时，管仲甚至想杀死公子小白。但幸运的是，公子小白没受伤，而鲍叔牙建议他装死，成功逃脱，并最终成了齐国的国君。

这时，鲍叔牙没有忘记管仲，他力荐管仲为宰相，说："管仲对您出手，只是因为他效忠于他的主人，但他真的是个治理国家的人才。"公子小白听从了鲍叔牙的建议，重用了管仲。

从鲍叔牙和管仲的故事中，我们可以看到鲍叔牙的大度和智慧。他总是用宽容和理解来对待管仲，化解了许多误会。这种品质不仅体现了他对人才的重视，也展现了他作为政治家的智慧和胸怀。

> 管仲曾经想对陛下不利啊！

> 效忠主人没什么不对。

从自我改变开始

每个人的性格都如同独特的画卷，虽有瑕疵却充满魅力。要正视性格中的不足，不必苛求完美，以免陷入自我折磨。性格是后天雕琢的宝石，具有无限的可塑性。只要我们意识到性格的短板，积极寻找改善的路径，就能为自己的命运绘制出更加精彩的蓝图。

个性塑造非一日之功，需要我们从小事做起、从现在出发、从身边人开始，逐渐培育出成功的性格特质。当你看到他人身处困境，不妨伸出援手，用自己的行动去温暖他人，也让自己更加乐于助人。面对挑战与困难，坚持不懈，宽容待人，严于律己，不断播撒个性的种子，终将收获影响深远的命运之果。

我们无法选择起点，但终点定可由我们书写。让我们从自我改变开始，即使是一小步，也能引发巨大的改变，成就更加辉煌的未来。

循道而不忒，则天不能祸

——主动改变自己的命运

荀子智慧

原文：循道而不忒，则天不能祸。

译文：严格遵照事物运行的规律，不反其道而行之，那么上天就不会将灾祸降临于他身上。

自古以来，命运一直引人深思。荀子早已揭示，命运非天定，而是取决于我们如何对待它。从语言学视角看，命运涵盖人的贫富、贵贱与遭遇，体现生活变迁的轨迹。例如，合理耕作与节约，可免贫困；充足供养与适时行动，可防疾病；坚守自然法则，可避灾祸。一切祸福，皆系于个人主观能动性。摒弃迷信，摒弃天命论，我们才能对命运有正确的认知，从而掌握自己的命运。

朱买臣读书

朱买臣生活在吴地会稽，从小就是个书痴。他每天都一头扎进书堆里，仿佛那才是他的世界。成年后，他只能以砍柴为生，日子过得十分贫困。但就算这样，他也没放下书本，而是经常一边挑着柴，一边大声读书，那声音在山林里回荡，显得特别响亮。

妻子觉得朱买臣只知道读书，却不知道赚钱养家，整天抱怨个不停。而朱买臣呢，只是笑笑，告诉

> 这样的日子什么时候是个头啊！

> 以后会好起来的。

妻子他相信到了五十岁，一切都会好起来。可妻子哪里听得进去，她觉得朱买臣就是个书呆子，跟着他根本不会有出头之日，于是决定离开他，再嫁别人。

朱买臣虽然心里难过，但也无可奈何。有一次，他在挑柴的路上偶遇了前妻和她的新丈夫，当时他饥肠辘辘，前妻给了他一些吃的。那一刻，他更加坚定了要改变自己命运的决心。

几年后，朱买臣终于有机会到了长安。虽然开始的时候并不顺利，文书递上去就没了下文，生活也陷入了困境，但他始终没有放弃。后来，他在街上乞讨时遇到了同乡严助。严助当时已经是朝廷的大官了，他看到朱买臣的落魄，心生同情，就向武帝推荐了他。

武帝一听说朱买臣的才华，马上召他入宫。在大殿上，朱买臣滔滔不绝，从《春秋》到《楚辞》都讲得头头是道。武帝听了非常高兴，当场就任命他为中大夫，和严助一起当了侍中。从此，朱买臣终于迎来了自己的春天。

> 以上是臣的一些拙见。

> 果然是个人才啊！

命运掌握在自己手中

很多人相信命运早已注定，无法改变，因此只能被贫穷所困。然而，当生活陷入绝望时，人们终于明白，只有勇敢反击，才能扭转命运。陈胜、吴广等历史人物的经历让我们明白：命运不是上天的安排，而是掌握在我们自己手中。

我们的出生和成长环境，看起来好像决定了我们的贫富，但其实这取决于我们是否有勇气去改变。如果我们的家族一直没有人意识到要改变命运，那么贫穷就会一直延续。只有我们意识到命运是可以改变的，并且付出努力，那么家族的未来才会有所改变。

所以，即使我们出身贫穷，也不要觉得这是无法改变的事实。重要的是我们要认识到，命运掌握在自己手中。只要我们相信自己，依靠能力和勤奋去努力，就一定能够打开成功的大门，走向更加美好的未来。

打破固有观念

我们常被传统观念束缚，这些观念像枷锁，限制了我们追求新生活的可能。要改变命运，首先要打破这些固有观念。社会在不断变化，如果我们停滞不前，就会成为他人的垫脚石。只有改变自己，才能适应变化，掌握命运。有时，我们真正需要改变的，不是环境，而是自己。若不能学会变化，或不愿改变，最终我们将被社会淘汰。因此，要勇敢迈出改变的第一步，释放内在潜能，迎接更广阔的人生舞台。

身佩六国相印的苏秦

苏秦的一生充满了传奇色彩。年轻时，他前往齐国求学，拜在鬼谷子门下。出师后，他怀揣着满腔热血，一心想要为国家效力。

苏秦认为秦国具有一统天下的实力，于是他变卖家产，前往秦国。他见到了秦惠王，提出了统一六国的宏伟蓝图。然而，秦惠王并不认同他的观点。苏秦并未放弃，连续写了十篇奏章，但秦惠王并未采纳。

此时苏秦身上的钱财所剩无几，只能徒步返回故乡。他穿着草鞋，裹着裹腿布，背着沉重的书籍和行李，跋涉千里回到家中。家人见到他的落魄模样，都对他十分冷漠：正在织布的妻子就像没有看到他一样，继续忙着手中的活计；嫂子也对他爱搭不理，连父母都不想和他说话。面对家人的态度，苏秦并未抱怨，而是反思自己，认为是自己的才能不足导致了这一切。

于是，苏秦闭门苦读姜太公的《阴符经》，每当困倦时，就用锥子刺自己的大腿，以此来激励自己。一年后，他信心满满地开始了第二次游说之旅。这一次，他选择了弱国联合的策略，成功地说服了六国国君，实施了"合纵"战略。苏秦因此成了六国的纵约长，兼任六国辅相。

"合纵"战略的实施，让秦国不敢轻易侵犯其他六国，为六国人民带来了十五年的和平。苏秦用自己的智慧和努力，改变了自己的命运，也改变了六国的命运。他的故事告诉我们，只要心中有梦想、有毅力，就能改变自己的人生。

你的未来，由你自己决定

我们常会在看到别人的成功时埋怨自己的不幸，但真相是，命运并非天定，而是由我们自己创造。我们无法选择出身，但未来掌握在自己手中。行善积德，不断努力，就能开启改变命运的大门。

生活总有不如意，但抱怨无济于事。要想改变命运，首先得改变自己。你是愿意主动出击，塑造自己的世界，还是被动等待，让世界来改变你？你的选择至关重要。当你积极面对生活，你的世界也会因此变得更美好。

命运不会偏袒任何人，关键在于我们如何把握。发挥主观能动性，主动改变，你的命运将随之改变。记住，你的未来，由你自己决定。

荀子讲堂：人定胜天

君子贫穷而志广
——树立人生的远大目标

> **荀子智慧**
>
> 原文：君子贫穷而志广。
>
> 译文：君子虽贫穷，但志向高远。

荀子强调，贫穷并不可怕，真正可怕的是内心的贫瘠——"贫而无志"。一个人若没有远大的志向，就如同失去了精神支柱，心灵的大厦随时可能崩塌。可怕的是，失去志向的人容易迷失方向，甚至误入歧途。一旦走上邪路，便难以自拔，从而陷入贫穷的深渊。因此，我们不应畏惧贫穷，而应坚定志向，用勇气和毅力去改变命运。

巨富沈万三

沈万三是明初的巨富，原名沈富，他一心想要向新兴的明王朝展示他的忠诚，于是慷慨地向朱元璋进献大量的金银财宝，希望能给这位新皇留下好印象。然而，朱元璋似乎对他的示好并不领情，甚至有意捉弄他。

朱元璋曾指派沈万三负责修筑金陵城墙的重要部分。沈万三不负众望，不仅提前完成了任务，还主动提出要为军队提供犒赏。这本是他讨好朱元璋的又一步棋，却不料弄巧成拙，反而惹怒了朱元璋。朱元璋担心沈万三

> 臣愿为军队提供赏钱。

> 你还真是富可敌国。

过于富有的实力可能会对他的统治构成威胁，于是心生不满。

为了惩治沈万三的傲慢与自大，朱元璋想出了一个别出心裁的计策。他给了沈万三一文钱，命他以这一文钱为本金去放债，并要求每天的利息翻倍，为期一个月。沈万三初听之下，以为这只是小菜一碟，便欣然接受了。然而，当他回家后仔细一算，才惊觉这利息如同雪球般越滚越大，到了最后一天，他需要支付的利息竟高达数亿文钱，这简直是一个天文数字，且足以让他倾家荡产。

果然，沈万三无法完成这个看似简单的任务。朱元璋借此机会，下令抄没了沈万三的财产，并将他全家流放至遥远的云南边地。这一巨变让沈万三付出了惨重的代价，也让他深刻体会到了过于炫耀财富和傲慢自大的后果。

富贵也要谦逊有礼

荀子认为，君子虽贫穷但要志向高远，但同样的，富贵而能保持谦逊有礼也是君子的风范。富贵容易滋生骄傲，但真正的君子懂得富贵而不骄，因为他们明白骄傲只会招来怨恨和祸端。富贵本无罪，但关键在于如何以富贵之身待人接物。沈万三虽富有，却因自作主张而让朱元璋反感，这告诉我们，财富不是炫耀的工具，而是用于行善和谦恭的资本。

我们要明白，真正的富有不仅仅是金钱的积累，更是内心的富足。物质上的贫穷不可怕，可怕的是内心的贫乏。只要我们有勇气面对挑战，敢于接受贫穷的洗礼,就一定能够战胜困难,实现自我超越。因此,无论贫穷还是富贵,我们都应保持一颗谦逊的心,这才是长久之道。

确立明确的人生目标

生活中,我们常因缺乏深思而遭遇失败。然而,抱怨命运和世事并非解决之道。荀子曾言:"君子贫穷而志广。"这里的"志广"便是我们对自己人生的规划与追求。没有目标的人生注定贫乏,为了拥有美好的未来,我们必须自主设计命运,确立明确的人生目标。伟人之所以能够成功,往往源于他们远大的志向和实现梦想的能力。因此,让我们怀揣梦想,勇敢追求,为自己创造辉煌的人生。

原宪与子贡

荀子对"贫穷而志广"的精神深表敬意,这种精神在他眼中,是真正的君子之风。他时常向弟子们讲述春秋时期原宪的故事,以此来激励他们,让他们明白,即使身在困顿之中,也要保持远大的志向。

原宪,是一位生活在鲁国的贤者,他的居所简陋至极:一丈见方的房子,屋顶覆盖着茅草,门框是桑枝做成的,门是蓬草制成的,窗户则用破瓮代替,破屋被分隔成两间小屋。每当雨季来临,屋顶漏雨,地面潮湿,但原宪总是端坐在那里,弹奏着古琴,不为所动。

一日,子贡驾着马车,身着华服,去拜访原宪。马车在小巷中难以

通行，子贡只好步行。当他看到原宪那破旧的居所和简朴的装束时，不禁笑问："先生这是怎么了？是不是生了什么病？"原宪却淡然回答："我听说，没有钱财叫作贫，有学识却无处施展才叫病。我现在只是贫，而非病。"

子贡听后，脸上露出羞愧之色。他意识到自己虽然拥有财富和地位，却没有原宪那种身处贫困依然心怀天下的志向。他意识到，自己其实是有"心病"的——他无法从更高的层次看待贫穷，也无法忍受贫穷的生活，更不理解原宪在穷困之中仍然能保持的远大志向。

荀子以此故事告诫韩非、李斯等弟子，真正的君子即使在贫困之中，也能保持远大的志向。他们应该学习原宪，不被物质条件所束缚，始终追求内心的富足和精神的自由。

设定明确且有价值的目标

掌握命运，关键在于设定一个明确且有价值的目标。在追求目标的过程中，我们体验挑战与拼搏的喜悦，发现崭新的自我。心理学家揭示，真正的人生价值在于全力以赴地追求目标，而非安逸的生活状态。实现目标，竭尽全力，是人生最大的喜悦之一。目标是生活的指南针，没有它，我们只能在人生道路上迷失方向。目标是对成功的渴望和决心的体现，不同于遥不可及的幻想，它是可以实现的。因此，明确目标，我们才能规划自己的人生旅程，确保最终到达向往的彼岸。目标之于成功，如同空气之于生命，不可或缺。

自知者不怨人，知命者不怨天

——不要怨天尤人

> **荀子智慧**
>
> 原文：自知者不怨人，知命者不怨天。
> 译文：真正聪明的人不会将责任推到他人身上，真正懂得命运的人不会将责任推到老天身上。

荀子认为，怨天尤人不是明智之举。这种抱怨就像慢性毒药，只会加剧内心的痛苦，消磨前进的动力，最终使自己陷入困境。心怀不满的人总觉得生活亏欠自己，期待奇迹来弥补，但这不过是逃避现实的心理在作祟。怨天尤人，实际上是对过去事情的抗拒，只会损害自己的形象，毫无益处。即便面对不公，抱怨也非良策，它会变成习惯，让人自视为受害者，总是找借口为自己辩护。因此，与其抱怨，不如积极面对，寻找解决问题的办法。

与其抱怨黑暗，不如点亮蜡烛

一个年轻的渔夫在炎炎烈日下出海捕鱼，他的额头上满是汗水，身上的衣物紧紧贴着皮肤。然而，他的努力并未白费，船舱里堆满了各种新鲜的鱼虾，他心中满是欢喜，想象着这些鱼虾将为他带来的丰厚收入。

傍晚，他满心欢喜地划着船回家。然而，在归途中，他意外地发现一艘小船直冲自己而来，似乎有意要与他的船相撞。渔夫心中大惊，怒不可过，对着那艘小船大声咆哮，希望船夫能避开，但小船还是径直撞上了他的船。

两船相撞，渔夫的小船翻了，辛苦捕来的鱼虾撒落海中，损失惨重。渔夫挣扎着爬上自己的小船，愤怒地对着那艘小船破口大骂，但没有收到任何回应。他这才意识到，自己怒骂的只是一艘无人掌舵、随波逐流的空船。

在生活中，当我们遇到不如意的事情时，往往习惯性地抱怨和发泄，但很多时候，我们的抱怨对象可能就像这艘空船一样，无法回应我们，我们也无法改变现状。与其在黑暗中抱怨，不如点亮一根蜡烛，哪怕只有微弱的火光，也能为我们指明方向，带来希望。

面对困难和挑战，我们不应该只停留在抱怨和指责上，而应该积极行动，寻找解决问题的方法。只有这样，我们才能在黑暗中点亮自己，照亮前行的道路。记住，与其抱怨黑暗，不如点亮蜡烛，因为行动才是改变现状的唯一途径。

不要怨天尤人

习惯性怨天尤人的人，很容易陷入自怜的漩涡，而自怜是最消磨意志的坏习惯。他们似乎总在痛苦中找寻安慰，将自己视为命运的受害者，永远在埋怨和自怜中徘徊。这样的人，很难想象能够自立自强起来。他们把命运的控制权交给他人，任由他人摆布。

怨天尤人往往毫无道理，就像被毒蛇缠身，难以解脱。无论别人如何给予快乐或感激，他们总能找到理由抱怨。生活不如意时，更是怨声载道，觉得世界欠他们太多。但实质上，这种心态源于他们自身的情绪反应。

要改变这一习惯，首先要认识到怨天尤人和自怜并不能带来成功和幸福。只有理解并深信这一点,我们才能掌控自己的情绪,摆脱这种消极的习惯。荀子曾言,错误往往源于自身,却常归咎于他人,这是何等的不明智啊!

勇于行动

世间确实存在着各种不公与抱怨,但完美无缺的事物也并不存在。如果我们总是苛求完美,不停抱怨,等待所有条件齐备再行动,那将永远停滞不前。为何有人一生碌碌无为?只因他们总在等待。而那些不满现状、勇于行动的人,最终却能成功。命运并非靠消极等待来掌握,而是面对挑战时展现出的坚韧与勇气。对完美的追求应适度,以免陷入无尽的等待。让我们以无畏的精神勇往直前,创造属于自己的精彩人生。

兄弟俩

从前有一对生活贫困的兄弟,他们每天的任务就是沿着那条熟悉的街道捡拾废品,以此换取微薄的收入。然而,有一天清晨,当兄弟俩像往常一样开始他们的工作时,却发现街道异常干净,几乎没有什么可捡的,只有一小排散落的、看似毫无价值的小铁钉。

哥哥看着这些小铁钉,没有丝毫犹豫,弯下腰一颗颗地捡了起来。而弟弟却对此不屑一顾,认为这些小东西不值钱,没有必要捡。哥哥没有理会弟弟的意见,继续默默地捡着,直到装满口袋。当天色渐暗,兄弟俩前往废品收购站时,弟弟惊讶地发现,收购站门口的大牌子上写着"高价回收小铁钉"。于是,哥哥用那袋铁钉换来了他们从未有过的丰厚报酬。

弟弟懊悔不已,他抱怨自己为何没有像哥哥那样去捡那些看似不起眼的小铁钉。废品收购站的老板告诉

他，这一周内都会高价回收小铁钉，弟弟更是懊悔不已。

第二天，兄弟俩再次踏上捡拾废品的路途。然而，这次路上并没有铁钉，只有一些散落的大米。哥哥又一次蹲下来，一粒粒地捡了起来。而弟弟则在一旁嘲笑，认为这些大米毫无价值。兄弟俩再次分道扬镳，各自去捡拾自己认为有价值的东西。

到了傍晚，弟弟因为没有捡到铁钉而愁眉不展，而哥哥虽然也没有捡到铁钉，但他带着半袋大米回了家。哥哥将大米煮成粥，两人围坐在桌前享用。弟弟看着哥哥，心中充满了懊悔和自责。他抱怨自己为什么没有像哥哥那样去捡那些大米。

以积极的态度面对挑战

生活中，失败时常发生，但有些人如同故事中的弟弟，总是将失败归咎于外界因素，如状态不佳、团队配合不畅、资料问题或非自身专长领域等，甚至用"生不逢时"来自我安慰。然而，抱怨并非明智之举。面对工作中的不足，我们需要摒弃抱怨和指责，以实干精神去审视自身责任，积极寻找解决方案。虽然抱怨是人性中的一部分，但过度抱怨只会让问题更加棘手，甚至可能让我们错失成长的机会。因此，不论遭遇何种困难，我们都应换种思维方式，以积极的态度面对挑战，用自己的努力去创造幸福，实现自身价值。

大巧在所不为，大智在所不虑
——正确认识并发现自己

荀子智慧

原文：大巧在所不为，大智在所不虑。

译文：真正有能力的人，知道哪些事不能做；而特别聪明的人，则知道将那些不该想的事情抛到脑后。

要想有所成就，就得明白自己的长处和短处。因此，发现自己的天赋和才能，是我们掌控人生的第一步。

认识自我，既是智慧也是美德，是追求成功的基石。当坚信自己的能力与才华时，我们便能激发内在潜能，成就非凡。然而，若我们自视平庸，则可能埋没真实的自我。因此，我们要坚定信念，不受他人评价的影响。关键在于，我们的自我认知必须准确，因为错误的自我定位将长期困扰我们，阻碍我们前行。只有正确认识自己，我们才能走向成功。

> 聪慧的人应该去了解别人。
>
> 你说得非常好。

人要自知

在《荀子·子道》中，荀子巧妙地借用孔子与三位弟子的对话，为我们揭示了自知之明的珍贵与重要性。子路、子贡和颜渊，三位杰出的儒家学子，各自以不同的方式回答了孔子关于智慧和仁德的问题，而孔子的评价也逐层递进，深刻地反映了自知之明的不同层次。

子路认为，有智慧的人应该让别人了解自己，而讲仁德的人应该让别人爱自己。这种理解虽然体现了基本的自我表达与人际关系的和谐，但孔子的评价只是"儒士"。接着，子贡的回答更进一步，他认为有智慧的人应该了解别人，而讲仁德的人应该爱别人。这种理解展示了更宽广的胸怀和对他人的关爱，因此孔子称赞他为"儒士中的君子"。

然而，当颜渊回答"有智慧的人能认识自己，讲仁德的人懂得自爱"时，孔子的评价达到了顶峰——"明达的君子"。颜渊的回答，不仅体现了他对自我深刻的认识，更彰显了他对仁德与智慧的独到见解。他知道，真正的智慧不在于向外展现自己或了解他人，而在于深入地了解自己，认识自己的长处与短处；而真正的仁德，也并非仅仅是让他人爱自己，更重要的是学会自爱与自我完善。

荀子借用这段对话，强调了自知之明的珍贵与重要。所谓"自知"，即对自己有一个清晰、准确的认知。然而，正如庄子所言，"目不见睫"，人们往往容易忽视自己的短处和缺点，这正是人们不自知的原因。只有真正认识到自己的不足，并努力改进，我们才能不断成长，成为更好的自己。

被忽视的能力

在现代社会的快节奏中，我们忙于奔波，却往往忽视了内心的声音，没能意识到自身拥有改变一切的能力。忽视这种能力，限制了我们向更高尚、更纯粹境界的跃升。实际上，我们并非缺乏能力，而是缺少自我发现的勇气。真正的自我发现，是揭开生活的面纱，面对自己的局限、偏见和短处，同时拥抱内心的热情、灵感和创造力。每个人的内心都是多面的，当我们在这些不同的自我之间展开平等、理性的对话时，我们的智慧与理解将逐渐显露。在内心的交流与碰撞中，我们的仁爱、智慧和正义感将如明珠般闪耀，照亮前行的道路。

要能发现自己

在人生旅程中，我们总会遭遇诸多困苦与挫折。其中，缺乏自我认知是一大症结。那些信念坚定、持之以恒的人，终将成就一番事业；而那些空谈者，虽言辞华丽，却难掩其虚伪本质。唯有坚守原则、坦诚胸怀、务实求进、百折不挠的人，才能赢得真正的成功。他们用行动证明自己的价值，用坚持赢得未来可能的成功。因此，我们应努力发现真实的自我，勇往直前，迎接属于自己的辉煌。

正确认识自己的邹忌

齐国有一位相貌堂堂、身材魁梧的相国，名叫邹忌。他的身高足足有八尺，身姿挺拔，容貌俊朗，经常被人称赞为美男子。齐国还有另外一位名声在外的美男子，那便是与邹忌同城的徐公。

一天清晨，邹忌如往常一样，穿戴整齐后，信步走到镜子前，端详自己的容貌。他自觉形貌不凡，便随口向妻子询问道："你看，我与那城北的徐公相比，谁更胜一筹？"妻子闻言，立刻走上前来，边为他整理衣襟边笑言："您这么英俊，那徐公怎么能与您相提并论？"

邹忌心中有些疑虑，毕竟徐公是公认的美男子，于是他决定再问问妾室。妾室也毫不犹豫地回答道："大人您自然远胜徐公，他怎么能与您相提并论？"

次日，家中来了一位客人，邹忌在与他交谈时，又想起了这个话题，便询问客人："你觉得我与城北的徐公，谁更为英俊？"客人毫不犹豫地答道："徐公自然不及您，您的英俊无人能及。"

三次询问，三次得到相同的答

> 我和徐公谁更好看？

> 自然是您远胜于徐公。

案，但邹忌并未因此沾沾自喜。他深知，自己的相貌虽然不错，但未必能比过徐公。恰巧这一天，徐公亲自登门拜访，邹忌一见之下，顿时被徐公那气宇轩昂、光彩照人的形象所震撼。他仔细打量着徐公，再偷偷从镜中观察自己，终于不得不承认，自己确实不如徐公。

晚上，邹忌躺在床上，反复思考这个问题。他终于明白，原来妻子说他美，是因为偏爱他；妾室说他美，是因为害怕他；客人说他美，则是因为有求于他。这一刻，他深刻认识到，自己过去因为身边人的恭维而迷失了真正的自我。从此，他更加谨慎地审视自己，不再轻易被外界的赞美所迷惑。

勇敢重塑自我

人的自我认定具有可塑性，伴随其改变，人生轨迹亦会随之调整。当对现状不满时，重塑自我至关重要。首先，树立榜样，明确目标，写下渴望的自我特质，并设想融入新角色后的生活。其次，制订行动方案，与新的自我角色相匹配，结交能强化自我认定的朋友。最后，时刻提醒自己，让新目标成为日常的一部分，并告知他人，坚持自我认定。面对环境的挑战，需坚定信念，排除干扰，克服困难，实现理想。内心的渴望与崇高目标是我们真正的需求，通过积极的生活和创造体验幸福与成功。放弃天赋和潜力，只会扼杀生命力和自我发展的道路。因此，我们要勇敢地重塑自我，掌握自己的命运。

君子敬其在己者，而不慕其在天者

——善于不断进行自我调控

荀子智慧

原文：君子敬其在己者，而不慕其在天者。

译文：君子看重的是自己的奋斗，而不奢望上天的垂怜。

人生难以尽如人意，顺境时我们自然欣喜，而逆境时则需机智应对。唯有及时调整心态，适应环境变迁，寻找新的生长点，才能创造美好生活。儒家所言"达则兼济天下，穷则独善其身"，正是人生智慧之所在。

张良与《太公兵法》

据《史记·留侯世家》记载，一天，张良在桥边悠闲地散步，这时，一个穿着普通、貌不惊人的老人出现在他的视线中。这个老人看上去有些古怪，当看到张良走过来时，他竟然故意将自己的鞋子扔到桥下，然后向张良喊道："帮我把鞋子捡上来。"张良被这一幕弄得既惊讶又生气，他刚准备转身离开，又转念一想，老人年事已高，对他尊敬一些也没什么。

你把鞋给我穿上。

唉，好吧。

于是他忍下这口气，走下桥去为老人捡起了鞋子。

老人接过鞋子后，又要求张良为他穿上。张良再次感到不悦，但还是忍着怒气为老人穿上了鞋子。老人满意地点点头，对张良说："年轻人，你很有耐心和修养，是个可塑之才。五天后的清晨，你再来这里找我。"张良虽然心中疑惑，但还是恭敬地答应了。

五天后，张良早早地来到桥边，却发现老人已经在那里等候多时了。老人责备他来得太晚，然后告诉他五天后再来。这次，张良不敢有丝毫懈怠，当公鸡刚刚打鸣时，他就到了桥边。但出乎意料的是，老人仍然比他早到。老人再次训斥了他，然后让他五天后再来。这一次，张良决定提前出发。他半夜就来到桥边，静静地等待着老人。当老人出现时，他满意地点点头，拿出一本厚厚的书递给张良说："这是《太公兵法》，你回去好好研读，将来必定能够助你成为帝王的谋士。"说完，老人就消失了，而张良从此再也没有见到这位智慧的老人。

张良回家后，日夜研读这本《太公兵法》，终于领悟了其中的精髓。后来，他凭借这些兵法知识，成功辅佐刘邦平定了天下。

> 您给我的是什么？

> 能助你成为帝王谋士的书。

学会自我调控

人的性格如果过于刚烈或柔弱，都容易导致人生悲剧。以项羽为例，他勇猛无比，却因过于刚烈而缺乏柔韧，最终兵败垓下，自刎乌江。而张良，则是自我调控的典范。他辅佐刘邦成就汉朝霸业，随后又能适时退隐，掌握命运于股掌之间。

然而，张良并非生来就擅长自我调控。年轻时，他因韩国被灭而心怀愤恨，曾策划刺杀秦王。失败后，他逃亡至下邳，幸好遇到了黄石公，才得以转变心性，学会柔韧与自我调控。这一转变，不仅改变了他的性格，更重塑了他的命运，使他成为能够自如掌握自己人生航向的智者。

善于调控的人更容易成功

人与人之间的区别不在于外表，而在于是否善于自我调控。成功掌握命运的人，都具备强大的心理弹性和广阔的心理空间。他们能在环境变化中灵活调整心态，寻找最佳的发展途径。面对生活的压力和困境，弱者可能崩溃，而善于调控者则能积极应对，暂时收敛，积蓄力量。当压力消散时，他们会迅速恢复，个性更加鲜明，展现出自我调控的能力。

善于自我调控的蔺相如

战国时期，蔺相如以其非凡的智慧和卓越的自我控制能力，成了赵国历史上一位闪耀的明星。在面对秦国的强势和威压时，他展现出了非凡的勇气和刚烈。面对秦王及其虎视眈眈的众臣，他犹如一头雄狮，怒发冲冠，为赵国的利益和尊严挺身而出。他的刚烈之气，不仅令秦国君臣为之惊叹，更为赵国赢得了尊严与尊重。

然而，蔺相如的智慧并不仅仅体现在他的刚烈上。在处理与廉颇将军之间的关系时，他更是展现出了超凡的柔韧和耐心。面对廉颇的有意挑衅，他深知顾全大局的重要性，因此选择了再三回避，小心忍让。他懂得在适当的时候收敛锋芒，以柔克刚，用智慧和策略化解了潜在的危机。

蔺相如的处世之道，既刚且柔，既勇猛又智慧。他能够在复杂多变

的局势中，准确判断形势，灵活应对挑战。无论是面对强大的秦国，还是内部的纷争，他都能够以不同的方式处理好，也取得了良好的效果。他的"完璧归赵"策略，不仅保住了赵国的国宝，更赢得了各国的尊重；而他的"将相和好"之举，则化解了赵国内部的矛盾，促进了国家的和谐稳定。

蔺相如的故事告诉我们，一个真正优秀的人，不仅要有坚定的信念和勇气，更要有灵活的思维和卓越的自我控制能力。只有这样，才能在复杂多变的世界中立于不败之地，实现自己的人生价值。

适时屈伸

为人处世，有时需要像弹簧一样，能屈能伸。这样，我们才能在逆境中挺立，最终实现目标。冯梦龙在《智囊》中告诉我们，像动物一样，在形势不利时暂时退却，是为了更好地前进。动物都知道这样保护自己，我们更应如此。

当生活或事业遇到挑战和困难时，如果我们能灵活应对，运用"屈"的智慧，往往能化危为机。相反，如果过于固执，不懂得退让，很可能会遭受重大损失。冯梦龙的屈伸之理，提醒我们要有弹性，懂得进退之道。

历史上有许多英雄人物，他们懂得在关键时刻使用屈伸之术，保存实力，等待时机。这种策略是成功的关键。屈，不是软弱，而是智慧；伸，不是蛮干，而是策略。我们要学会在人生路上，适时地屈伸，才能更好地掌控自己的命运，实现理想。

木受绳则直，金就砺则利

——宝剑锋从磨砺出

> **荀子智慧**
>
> 原文：木受绳则直，金就砺则利。
>
> 译文：用墨线测量过以后，木材就会变得笔直；在磨刀石上打磨过，刀剑等金属制品就会变得锋利。

"宝剑锋从磨砺出，梅花香自苦寒来。"每一个成功者的背后，都少不了坚持不懈的努力和对人生磨难的坚韧态度。正是这份坚韧，让他们能够战胜挫折，超越自我，最终成就辉煌。想要找到成功的秘诀，坚韧不拔的品质无疑是第一位的。那些一遇困难便轻易放弃的人，注定与成功无缘。只有那些不屈不挠、勇往直前的勇士，才能赢得成功，书写属于自己的辉煌篇章。

勤奋好学的宋濂

宋濂，字景濂，生活在元末明初。虽然年少时家境贫寒，但他凭借坚韧不拔的毅力和对知识的渴望，最终成为明朝开国大臣中的佼佼者。官居学士的宋濂，不仅主修了《元史》，还参与了明初典章制度的制定，深受明太祖朱元璋的赏识。

年幼时，宋濂便展现出对知识的极度渴望。家中贫困，

无书可读，他便四处借阅，借到后急忙抄录，只为能按时归还。即使在严冬，砚台中的墨都冻结成冰了，手指冻得无法屈伸，他也不放弃，坚持苦学。

成年后，宋濂更是渴望追求圣贤之道。他长途跋涉，不惧艰险，只为寻访名师，虚心求教。他曾在深山中跋涉，顶着寒风大雪，不顾身上的冻伤，只为求得一席学问之地。在艰苦的学习环境中，他始终保持着对知识的热爱和追求，从未因生活的艰辛而退缩。

与那些衣着华丽、生活无忧的同学相比，宋濂的生活尤为清贫。然而，他从未因此而心生羡慕，反而将学习视为最大的快乐。他深知，只有勤奋好学，才能成就一番事业。而他的同学们，虽然生活得快乐，却鲜有能名垂青史者。

宋濂的故事告诉我们，勤奋好学是成功的关键。他用自己的实际行动，诠释了"宝剑锋从磨砺出，梅花香自苦寒来"的道理。正是这份坚韧不拔的毅力和对知识的强烈渴望，使他成了明朝历史上一位杰出的人物。

成功要耐得住寂寞

每一个成功的背后，都隐藏着一段不为人知的寂寞与努力。人们往往只看到成功者的光环，却忽略了他们背后的坚持与付出。

耐得住寂寞，是成功的重要因素。这意味着无视外界的嘈杂，不畏道路的崎岖，不因困难而放弃。只有那些能在寂寞中坚守初心，在困境中保持坚韧的人，才能最终登上成功的巅峰。

出身贫寒、资质平庸、失意失败，这些都不是成功的障碍。只要拥有耐得住寂寞的韧性，付出数十年如一日的努力，任何人都有可能实现自己的梦想。因为寂寞中蕴藏着无尽的力量，它能让一个人在孤独中自我磨砺，成就非凡。

因此，我们要学会与寂寞为伴，保持一颗坚韧不拔的心，用汗水和努力书写属于自己的成功篇章。

空想无法实现梦想

如果一个人空有梦想，缺乏实现它的努力，那么这梦想将如泡影般消散，终难成真。真正的成功者，是能泰然面对生活挑战的人，他们凭借坚定的毅力和持久的恒心，始终走在时代的前列。无论遭遇什么样的困境，他们都绝不言弃，如同沙漠中的胡杨，拥有顽强的生命力，能够战胜一切艰难困苦，成为人生的强者。

坚贞不屈的苏武

公元前100年，在汉武帝决定派兵讨伐北方的匈奴之际，却收到了匈奴鞮侯单于求和的消息。汉武帝深思熟虑后，决定借此机会与匈奴修好，于是派遣中郎将苏武为使节，携带着丰厚的礼物和修好的诚意出使匈奴。

然而，苏武一行抵达匈奴后，发现单于并非真心求和，而是用计策试探汉朝的诚意。面对单于的种种刁难和诱降，苏武始终坚守着汉使的职责，展现出坚定的信念和崇高的气节。

在完成出使任务后，苏武正准备归国，却意外地遭遇了匈奴的内乱，被无理扣留并要求背叛汉朝。面对匈奴单于的游说与酷刑，苏武坚守信念，严词拒绝。单于见无法动摇他的意志，便将他放逐到遥远的北海边牧羊。

苏武的流放生涯极其艰辛。在那荒无人烟的北海，他与羊群和一根象征汉朝使节的旄节为伴。在无尽的严寒与孤寂中，他卧雪吞毡，甚至与羊群相依取暖。年复一年，他的头发和胡须都变得花白，旌节上的装饰物也随风飘落，但他的信念始终未曾动摇。

十九年的坚守与等待，苏武终于等来了回归故土的机会。匈奴内乱，新任单于无力再战，汉朝使者前来交涉，要求释放苏武。面对汉朝的坚决和使者手中的证据，单于无奈放人。苏武历经十九年磨难，终于踏上了归途。

苏武归国的消息传开后，长安百姓纷纷出城迎接。这位曾经风华正茂的使者，如今已是白发苍苍的老人。但他的归来让人们看到了坚守与忠诚的力量。苏武，这位有气节的大丈夫，用他的坚守与忠诚，谱写了一曲壮歌。

坦然面对人生的不如意

人生如同登山之旅，每一步都伴随着失意与坎坷。真正的勇士，会在逆境中砥砺前行，以无畏的勇气挑战自我。只有保持一颗永不言败、自强不息的心，我们才能泰然自若地面对人生的风雨泥泞。成功并非一蹴而就，人生亦是如此，有晴有雨，有起有落。

在满足生存需求的同时，我们更要追求精神与情感的充实，以及事业上的卓越。然而，欲望的满足总是有限的，失意与遗憾在所难免。但正是这些不如意，塑造了我们的坚韧与智慧。学会坦然面对人生的不如意，我们才能更加平和、理智地面对未来的挑战。

心平愉，则色不及佣而可以养目

——拥抱积极的心态

荀子智慧

原文：心平愉，则色不及佣而可以养目。

译文：当我们的内心是平静的、快乐的，哪怕眼前再昏暗，也会让我们的眼睛感到满足。

我们的心灵如同一片沃土，所种之物决定了未来的收成。播下菜豆的种子，绝不会有南瓜的硕果；同样，种下南瓜的种子，也决不会结出菜豆。这便是"种瓜得瓜，种豆得豆"的道理，同时也映射出我们心态的运作机制。内心的种子，无论是消极还是积极，都将孕育出相应的果实。从播种到收获，心态始终如一，它不会因时间的流逝而有所改变。

不同的心态，不同的命运

曾经，有两个人在沙漠的黑夜中艰难前行。他们水壶里的水早已耗尽，身体疲惫不堪，饥饿和疲惫让他们几乎失去了继续前行的力量。

休息时，一个人问另一个人："你现在看到了什么？"被问的人有气无力地回答："我只看到了死亡，感觉死神正慢慢逼近我。"然而，提问

> 今晚的星星真亮啊！

> 我已经快活不下去了。

的人微笑着回应："我看到的是满天的星星，它们像指引灯一样照亮我前行的路。我还看到了我妻子的笑容和我孩子们期待我回家的眼神。"

这两个人原本没有太大区别，却因心境的不同而走向了截然不同的命运。那个看见死神的人，在即将踏出沙漠的前夕，选择了自我了断，遗憾地终止了生命；而那个看见星光和家人笑容的人，凭借对家人的思念和对希望的坚守，最终在星星的指引下走出了沙漠。

这个故事告诉我们，心态往往能左右一个人的命运。想要在生活中始终保持愉悦，就必须学会掌控自己的心态。因为你的心态决定了你看待世界的角度。当你以积极的心态面对生活时，生活也会以同样的颜色回馈你。因此，让我们珍惜每一个瞬间，用积极的心态去拥抱生活，让心灵之花在希望与爱的滋润下绽放。

> 你的同伴去哪儿了？

> 他承受不住压力，自杀了。

用快乐的心态感知世界

在当今社会，不少人面对未来生活，常陷入悲观与迷茫之中。他们过于苛责自己，无论过去成攻还是失败，都选择全盘否定，心中充满了懊悔与痛苦。对于未来，他们缺乏信心，深感迷茫，认为自己毫无价值，无法面对任何挑战。然而，人生短暂而炫目，快乐与痛苦并存。为何不选择以更积极、更乐观的心态去面对生活呢？当我们用快乐的心态去感知世界时，便会发现生活中处处充满了美好与希望。让我们放下过去的包袱，拥抱未来的可能性，用积极的心态去创造属于自己的快乐人生。

培养良好的心态

人生之路并非一帆风顺，我们无法背负所有，也无法尽得所愿。然而，成功的关键在于我们如何面对生活。积极、健康的心态能引领我们跨越障碍，接受挑战，从而获得成长与幸福。拥有好心态的人，会积极面对生活中的每一次挑战，踏实前行，收获属于自己的幸福人生。心态决定命运，境由心生，心造幸福。因此，要想拥有成功和幸福，就必须培养良好的心态。

茂盛的心安草

在一个宁静的午后，皇帝独自漫步在花园之中，突然看到了一幕让他惊讶的景象：原本繁花似锦的花园此刻竟是一片死寂，所有的植物都仿佛失去了生机，枯萎凋零。

原来是橡树因无法企及松树的高大挺拔，而陷入了深深的自我否定，最终选择了轻生；松树因为不能如葡萄藤那般硕果累累，也选择了放弃生命；葡萄藤悲叹自己只能匍匐在架下，无法像桃树那样绽放出绚烂的花朵，因此也走向了枯萎；而牵牛花则因为没有紫丁香的芬芳而病倒在了角落。

花园中的其他植物也都因各自的不如意而垂头丧气，仿佛世界都失去了色彩。然而，在这荒芜之中，却有一株细小的心安草依然茂盛地生长着，它那淡淡的绿意，为这片死寂的花园带来了一线生机。

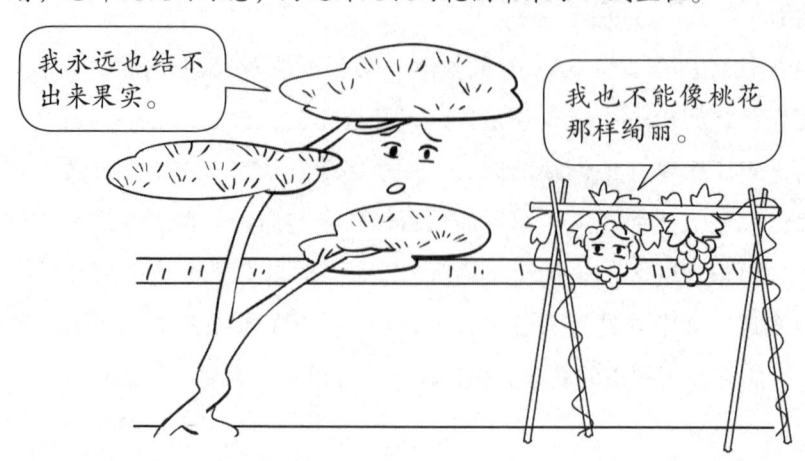

> 我永远也结不出来果实。

> 我也不能像桃花那样绚丽。

皇帝好奇地走近心安草，问道："小小的心安草，为何其他植物都枯萎了，你却能如此勇敢乐观、毫不沮丧呢？"心安草微笑着回答："陛下，我深知自己的位置和价值。我知道，如果您需要一棵橡树、一棵松树、一丛葡萄藤、一株桃树、一株牵牛花或一棵紫丁香，您自然会命令园丁去种植。而您对我的期望，就是让我安心地做一棵小小的心安草。"

正是因为心安草能够认清自己的价值，不自我贬低，它才能在花园中快乐地成长。做人也应如此，不应一味地羡慕他人的长处，而应看到自己的优点和价值。我们只有拥有自信，才能拥有乐观的心态，才能勇敢地面对生活中的种种挑战。乐观其实并不难，只要我们找到值得肯定的地方，用自信驱散那些悲观和遗憾，我们就能以更加积极的心态去面对这个世界。

积极的心态和消极的心态

有位哲人说，心态如同舵手，决定着我们的人生航向。驾驭生命，还是被生命驾驭，全在于我们如何调整心态。积极的心态如阳光普照，助力我们释放内在的潜能，成就更多的自我价值；而消极的心态则如同阴霾笼罩，束缚我们前行的步伐，让生命黯淡无光。

阳光的人，乐观向上，无论面对何种挑战，都能以积极的态度应对，从而在生活的舞台上绽放光彩。反之，消极者则容易被困境击垮，陷入自我否定的漩涡中，让生活陷入恶性循环。因此，积极的心态不仅是成功的催化剂，更是我们生命的阳光和指引，让我们在人生的旅途中，始终保持前行的勇气和动力。

错人而思天，则失万物之情
——勇敢激发自身的潜能

荀子智慧

原文：错人而思天，则失万物之情。

译文：将人力弃之一旁，而对天充满敬仰，那就不能洞察事物发展的实际情况，也不能将自然事物为己所用。

个体的认知受限于时代与既有观念，对命运的把握往往基于他人的见解、历史经验和人类常识。然而，这些并非绝对真理，亦存谬误。荀子曾言："错人而思天，则失万物之情。"过度依赖外界而忽略自我努力，只会错失自然的恩赐。对于外来信息，我们应择善而从，摒弃错误与不利。盲目崇拜他人，放弃自我奋斗，终将受制于命运之轮。因此，我们应独立思考，积极行动，掌握自己的命运。

激发生命的潜能

清朝末年，当清政府决定修建京张铁路时，外国工程师曾高傲地断言，如果没有他们的指导，中国绝无可能完成这一壮举，甚至戏谑地表示："想走这条路，中国只能永远依赖骆驼。"然而，在这番冷嘲热讽中，詹天佑挺身而出，他坚信中国人的智慧和力量，一定可以在中国的大地上铺设出一条属于自己的铁路。

面对吴沟地区那陡峭的悬崖峭壁，外国工程师再次发出了嘲讽："中国能修筑吴沟铁路的工程师，恐

你们别痴心妄想了。

我会让你们刮目相看的。

怕还未出世呢！"然而，詹天佑不为所动，他心中充满了坚定的信念和强烈的爱国心，将挑战视为磨砺自己意志的砥石。

在他的带领下，中国工人克服了重重困难，用汗水和智慧铺就了这条铁路。原本预计需要六年的工程，仅用了四年便完工通车，且工程费用还有所节余。这不仅是中国铁路建设的里程碑，更是中华民族自强不息精神的象征。

詹天佑的成功，源于他坚定的志向、顽强的毅力和必胜的信心。他用自己的实际行动，证明了中国人民的智慧和力量。他告诉我们，成功的"秘诀"并非天赋异禀，而是对自己能力的坚定信念和不懈的努力。

在人生的道路上，我们或许会遭遇低谷，或许会面对他人的怀疑和否定。但只要我们保持积极的心态，坚定自己的信念，付出辛勤的汗水，就一定能激发出生命的潜能，创造出属于自己的奇迹。

潜能可以创造奇迹

人的潜力深不可测，其力量远超想象。当我们充分认知自我，自信心便会如泉水般涌现，激发出无尽的潜能，从而改变命运。为什么人的潜能能创造奇迹？科学实验显示，在紧急关头，人体会产生与平常截然不同的反应。肾上腺激素大量释放，瞬间传遍全身，释放出惊人的能量。这不仅仅是肉体的觉醒，更是心智与精神的共鸣。在这种状态下，心智与精神共同迸发出超越常人的能量，使我们能够完成平时难以完成的任务。同样，智能、信仰、情感等方面也蕴藏着惊人的潜能，等待我们去发掘和释放。

激发潜能取得成功

人的潜能是一座深邃无边的能量宝库，源源不断，永不枯竭。当我们深入挖掘内在的力量，便能触及生命的源泉，一旦领略其精髓，将轻松迈向成功的彼岸。卓越，是潜能的点火器，能够点燃我们内心的火焰，助力我们实现心中的梦想，铸就永恒的辉煌。那些看似平凡无奇的人，实则也蕴藏着惊人的潜能，只需稍加激发，便能创造出非凡的成就。成功者的故事告诉我们，他们凭借坚定的目标和详尽的计划，倾尽心血，最终实现了卓越的梦想。

乘风破浪

宗悫生活在南北朝时期，是南阳人，他自幼便跟父亲和叔叔一同习武，年纪轻轻便练就了一身非凡的武艺。他的叔父宗炳是一位志向高洁、淡泊名利的长者，曾在宗悫年少时询问他的志向。宗悫目光坚定，毫不犹豫地回答："我愿乘长风，破万里浪。"宗炳听后，对宗悫的未来充满了期待，称赞他必将成为家族的骄傲。

年少的宗悫一开始就展现出非凡的胆识和勇气。在哥哥结婚时，他面对突如其来的盗贼，毫不畏惧，拔剑相向，最终成功将盗贼击退，赢得宾客们的称赞。这份果敢与智慧，已显露出他未来将军的风采。

成年后，宗悫果然不负众望，从军报国。当林邑王范阳迈侵犯宋边境时，他自告奋勇，请缨参战。在战场上，他展现出卓越的军事才能，多次

出奇制胜，立下赫赫战功。特别是面对林邑王的大象先锋，他巧妙地利用狮子模型，成功将大象冲散，为宋军赢得了决定性的胜利。他的英勇事迹传颂千古，成为后人敬仰的楷模。

宗悫的故事告诉我们，一个人要想成就一番事业，必须有远大的抱负和坚定的信念。在现实生活中，我们也应该像宗悫一样，为自己制订一个清晰的人生规划：首先，我们要明确自己的原点，了解自己的优点、缺点、专长和嗜好；其次，我们要设定明确的目标，包括短期、中期和长期的目标；最后，我们要思考如何直线构成，即如何利用现有的一切资源和方法来实现我们的目标。只有这样，我们才能像宗悫一样，在人生的道路上不断前进，最终实现自己的梦想。

您还不睡吗？

我要制订最完善的计划。

发掘自身的潜能

人的潜能如同初升的太阳，如果不及时挖掘和利用，便会悄然黯淡，直至消失殆尽。它不同于自然资源，即便深藏不露，亦能静待时机绽放光芒。然而，人的潜能一旦错过发掘的时机，便会随着生命的终结而永远沉寂。生活中，那些畏惧命运、不敢挑战自我的人，往往错失了无数次发展的良机，最终只能带着未曾展现的才华和无尽的遗憾，黯然离世。这是何等悲哀啊！因此，我们应当珍视并勇敢地发掘自身的潜能，让它在生命的舞台上绽放出最耀眼的光芒。

第三篇 提升自己的修养

荀子认为，人性本不完美，但通过教育和培养，我们可逐步完善。提升修养须内外兼修，持续学习、反思、实践和自律，完善品德与道德观念。同时，践行礼仪、坚守诚信，才能赢得他人的信任与尊重。

情也者，非吾所有也，然而可为也。注错习俗，所以化性也；并一而不二，所以成积也。习俗移志，安久移质

——重视习惯的力量

荀子智慧

原文：情也者，非吾所有也，然而可为也。注错习俗，所以化性也；并一而不二，所以成积也。习俗移志，安久移质。

译文：积习，并不是我们所有的，然而可以培养形成。行为习俗是用来改变人本性的；全神贯注，才能够形成习惯。行为习惯可以改变人的意志，时间长了就会改变人的气质。

荀子深谙后天教化的力量，坚信人通过持续的善行积累，能达到圣人的境界。他强调，唯有不断追求，才能持续进步；唯有付诸实践，才能取得成就；唯有累积不懈，才能实现真正的提升。这种精神鼓舞着人们不断向前。

与人为伍，耳濡目染，我们悄然间由一种人蜕变为另一种人。楚国之风，塑成楚国人；越国之俗，造就越国人。习惯是最自然的累积、最持久的塑造、最深刻的烙印。因此，我们应当珍视并用心培养自己的习惯，成就更好的自己。

庖丁解牛

梁惠王手下有一位厨艺精湛的厨师，名叫庖丁。一天，梁惠王亲临厨房，观摩庖丁分解牛的过程。只见庖丁身手矫健，游刃有余，他只需轻轻触摸，微微一倚、一踩、一靠，伴随着皮肉与骨骼的轻微分离声，牛的骨架与肉便被轻松分离。他的每一次落刀，都是那么精准、那么流畅。

梁惠王看得目瞪口呆，由衷地赞叹并询问其秘诀："庖丁，你的技艺

为何如此高超？"庖丁轻轻放下手中的屠刀，回答说："回禀大王，我之所以能拥有这样的技艺，全因为深谙用刀的精髓，并将其融入我的技艺中。初学分解牛时，我满眼都是那庞大的牛身。但随着时间的推移，三年后，我已不再看到整体的牛，而是能洞悉其内部的骨骼结构。如今，凭借多年的经验和直觉，我能够感知到牛的每一块骨骼和肌肉，因此下刀时总能恰到好处。"

梁惠王好奇地追问："那你这把刀，想必是锋利无比了？"庖丁微笑着轻轻挥动屠刀，回答说："常人的刀，因频繁触碰牛骨，不过月余就会变钝。而我这把刀，历经十九年，分解牛数千，依旧锋利如初。这是因为我深知骨与肉之间的缝隙，远比刀刃要宽。我习惯于在此缝隙中游走刀刃，故能长久保持其锋利。"

正是习惯，使得庖丁每一次下刀都如行云流水，每一次操作都游刃有余。

习惯决定了人生品质

良好的习惯就像是我们生活中的指南针，指引着我们前行。它们帮助我们更有效地管理时间，让我们在忙碌的生活中也能保持冷静和条理，从而在有限的时间里做更多有意义的事情。这就像是在延长我们的生命，让我们有机会看到更多的风景，体验更多的精彩。

无论是将军指挥军队，还是教师教学生，都需要有良好的习惯来保持思维的清晰和行动的条理。可以说，习惯决定人生品质。

就像木桶理论所说的那样，一个桶能装多少水，取决于最短的那块木板。同样的，我们的人生能走多远，也取决于我们的习惯。好的习惯就像那块最短的木板，支撑着我们不断前行，突破自我，成就更美好的未来。所以，想要拥有美好人生，就从现在开始，培养良好的习惯吧！

明智地选择培养哪些习惯

习惯是环境孕育的结果。它源自一次次重复相同的行动，一遍遍思索同样的问题。随着时间的流逝，这些行为与思考逐渐沉淀下来，如同在模具中凝固的水泥，形成了坚不可摧的习惯。一旦习惯扎根于心中，它就变得难以撼动，仿佛一座坚固的堡垒守护着我们的行为和思想。因此，我们要明智地选择培养哪些习惯，因为它们将深远地影响我们的未来。

卖油翁

北宋时期，有一个名叫陈尧咨的人。他自诩箭技超群，无人能比，因此心怀傲气，时常自吹自擂，夸耀自己的非凡技艺："我的箭术可谓天下无敌，有谁敢与我比试一番？"

他的徒弟们，那些渴望从他身上学到箭术精髓的年轻人，总是用恭维的话语来满足他的虚荣心："师父，您的箭法真是有如神助，我们望尘莫及！"

"的确如此，我们还需要向您多多请教。师父，请您再展示一番，让我们再次目睹您的风采！"这些恭维之词，深得陈尧咨的欢心。

一个晴朗的日子，陈尧咨像往常一样在院中拉弓射箭，与他的徒弟们一同练习。恰巧此时一个卖油的老翁路过，被院中的箭声所吸引，于是驻足观看。陈尧咨手起箭落，一连射出十箭，箭箭都精准地

> 我的箭术如何？

> 不过尔尔。

穿透靶心。徒弟们欢呼雀跃，而陈尧咨也骄傲地转向老翁，挑衅说："老人家，你觉得如何？"老翁只是微微点头，没有说什么。

陈尧咨顿感不悦，语气中带着愠怒："老人家，你可懂得射箭之道？"老翁平静地回答："不懂。"陈尧咨追问："那我的箭法可有不足之处？"老翁淡淡地说："你的箭法尚可，但这只是寻常技艺，并无特别之处。"

徒弟们闻言大怒，纷纷为师父辩护。老翁却不为所动，提出以倒油来比拟射箭的技艺。他取出一个葫芦，并把它置于地上，在葫芦口放上一枚有孔的铜钱。然后，他小心翼翼地舀起一勺油，油如细丝般从钱孔中稳稳流入葫芦，全程竟没有半点油渍沾在铜钱上。

倒完油后，老翁谦逊地说："老朽并无特殊技巧，唯有多加练习，熟能生巧罢了。"这番话让陈尧咨深感惭愧。自此，他不再自满，而是更加刻苦地练习箭术，并且不再自夸。

良好的习惯是成功的关键

在人生的旅途中，我们难免会养成一些不良习惯。要开辟新的心灵道路，首先需要坚决摒弃这些恶习。每一次我们踏上良好心理习惯的道路，都是一次心灵的筑路工程，其重要性不言而喻。为了养成良好习惯，可以遵循以下五项基本原则：首先，以满腔热忱和坚定意志开启新的征程，确保道路宽敞明亮。其次，全神贯注于新道路的铺设，忘却旧有的痕迹。再次，积极寻找并把握机会，在新道路上留下坚实的脚印。从次，坚定拒绝旧路上的各种诱惑，最后，明确目标，勇往直前，不回头，不犹豫。记住，良好习惯的养成是你成功的关键，它将引领你走向更加光明的未来。让我们以坚定的步伐，开启这段心灵筑路之旅吧！

察察而残者，忮也

——忌妒是人生大忌

> **荀子智慧**
>
> 原文：察察而残者，忮也。
>
> 译文：洞察力惊人，对世事了然于心的人，如果被他人蓄意伤害，是因为严重的忌妒。

忌妒，是每个人内心都可能藏着的小恶魔。它就像是人性中还没完全摆脱的野兽本能，一旦你觉得自己可能失去某些好处，比如名誉、地位、钱财或者爱情，这个小恶魔就会跑出来捣乱。忌妒常常带着不满、怨恨、烦恼和恐惧等坏情绪，让你心里乱糟糟的。特别是当你看到那些和你差不多厉害、可能和你抢东西的人时，这种忌妒就更强烈了。不过，忌妒这种情绪很难直接说出来，它总是悄悄地藏在心里。

周瑜之死

在三国时期，周瑜英才盖世、文武双全。这位风度翩翩的美男子，年纪轻轻便担任江东（吴国）的统兵大都督，成了时代的翘楚。在赤壁之战中，他更是展现出了超凡的政治才能和军事才能，以少胜多，大败曹操八十三万大军，铸就了千古传奇。

诸葛亮哪里比我强了？

先生消消气吧。

周瑜不仅英勇善战，还精通音律，每当音乐响起，他总能准确地捕捉到每一个音符的跳动。因此，有"曲有误，周郎顾"的佳话流传。然而，这位英雄有一个致命的弱点——善妒。

赤壁之战后，周瑜对与他共同抗曹的诸葛亮产生了强烈的忌妒心理。他密令部将丁奉、徐盛除掉这位智计过人的对手，但诸葛亮早已洞察先机，让周瑜的阴谋化为泡影。失败让周瑜的忌妒之火熊熊燃烧，对诸葛亮的恨意越发强烈。

诸葛亮之所以成为周瑜的眼中钉，是因为他总能在关键时刻抢占先机，对周瑜的计谋了如指掌。周瑜备感压抑，日夜难安，他时刻想着要铲除这个心头大患。然而，诸葛亮总能巧妙应对，让周瑜的计谋一次次落空。

最终，周瑜在忌妒的驱使下自食其果，被愤恨和痛苦折磨至死。临死之际，他没能悔悟自己的过错，反而含恨长叹："既生瑜，何生亮？"一代英雄就这样因忌妒而走向毁灭，令人唏嘘。

不要被忌妒带入深渊

荀子说，有分析明辨的能力而受伤害，是因为被嫉恨。忌妒这种情绪，经常出现在熟人之间。我们可能不会忌妒陌生人的权力或者财富，却很难接受身边的人比我们过得好。这种感觉就像心里藏了一把看不见的刀，既伤人又伤己。

当看到别人进步很快或者运气特别好时，我们心里可能会觉得不平衡，说话时语气可能就变得尖酸刻薄，甚至可能会做出一些小动作来阻碍别人的发展。但这样做，最后可能让我们失去朋友，变得孤单。忌妒会让我们只看到别人的好，而忽略了自己的成长和进步。虽然忌妒有时候也能给我们一些动力，但它更容易让我们走错路，甚至让我们的想法变得越来越极端。

所以，当我们开始忌妒别人时，一定要提醒自己小心，不要让这种情绪把我们带进充满怨恨和失落的深渊。

驱散忌妒的阴霾

忌妒是心灵的毒素，它会扰乱我们的心志，削弱我们的自制力、判断力，甚至让我们丧失良知和教养，陷入疯狂。它既是自我毁灭的火焰，也是社会和谐的破坏者。要驾驭情绪，必须摒弃忌妒，学会欣赏他人，为自己加油。当忌妒来袭时，我们应冷静自省，客观评价自己与他人，找出差距，重新认识自己，从而驱散忌妒的阴霾，让心灵重获自由与宁静。

孙膑与庞涓

战国时期，有一位智勇双全的高人，名叫鬼谷子，他有两位徒弟，师兄孙膑虽出身贫寒，却拥有过人的才智和心地善良的品性，深得鬼谷子的赏识；而师弟庞涓，虽也天资聪颖，却心机深沉，善于权谋之术，与师兄孙膑的光明磊落形成了鲜明的对比。

庞涓见孙膑比自己优秀，心中生出了忌妒。他表面上对师兄赞誉有加，口口声声说要举荐师兄，共谋富贵，实则暗藏祸心。

当庞涓凭借自己的权谋之术，获得了魏王的青睐，成为魏国军师，权

陛下，孙膑通敌卖国啊！

什么？还有这种事？

倾朝野时，他心中的忌妒之火越发旺盛。他害怕孙膑的才华会威胁到自己的地位，于是开始密谋陷害。他先是向魏王推荐孙膑，却暗中阻挠，让孙膑的才华无处施展。最后，他诬陷孙膑通敌卖国，导致孙膑遭受了残酷的刑罚，被剔去了膝盖骨，成了一个废人。

然而，孙膑并未因此屈服。他选择深藏仇恨，等待时机。他装疯卖傻，与猪为伍，吃猪食，睡猪圈，忍受着常人难以忍受的痛苦和折磨。但这一切，都是为了保命，等待复仇的机会。

终于，齐国使者发现了孙膑，将他秘密带回齐国。孙膑立下誓言，要以自己的才学和韬略，与庞涓一决高下。在马陵之战中，他率领齐军大败魏军，让庞涓绝望自杀，为自己报了仇。

努力克服忌妒之心

忌妒是一种毒害心灵的负面情绪，常常在我们感到自身才能、名誉、地位或境遇被他人超越时悄然滋生。它如同一团火焰，在羞愧、愤怒和怨恨的驱使下燃烧，对他人产生明显的敌意，甚至诱发攻击和诋毁的行为。

忌妒不仅给他人带来深重的心理伤害，破坏人际关系的和谐，还会在不知不觉中侵蚀我们自身的幸福。那些深陷忌妒泥沼的人，往往不再寻求自我超越，而是企图通过贬低他人来彰显自己的价值。他们害怕在别人的成功中显得渺小，于是采取各种手段打压对方，但这种行为只会让他们在精神上承受更多的痛苦和折磨。

因此，当忌妒的阴影笼罩心头时，我们应该及时警觉，并努力克服这种消极情绪，以免它毁了我们的人生。

学不可以已

——活到老，学到老

荀子智慧

原文：学不可以已。

译文：求学要一直进行。

早在两千多年前，荀子便洞察了学习的恒久价值，他在《劝学篇》中郑重其事地指出："学不可以已。"这句话揭示了学习的重要性和持续性，强调了终身学习的理念。在知识与技术日新月异的今天，学习的重要性更加明显，我们稍有不慎便会落后。为了不被时代淘汰，我们必须持续不断地学习，紧跟时代的步伐。信息革命已经改变了每个人的生活，让我们意识到学习是终生的追求。一旦停止学习，就如同逆水行舟，不进则退。因此，我们必须保持对知识的渴望，持续学习，不断进步。

任何时候都不能自满

韩非生活在战国时期，师从儒家学派代表人物荀子。他才华横溢，深得荀子的喜爱。在经过一段时间的学习与熏陶后，韩非觉得自己已经学到了足够多的知识，有了辅佐君王的能力。于是，他满怀信心地向荀子表达了自己的想法。

然而，荀子并未直接回应，而是选择用孔子的故事来点拨他这位得意的弟子。他讲到，孔子曾在鲁桓公庙中看到一个奇特的器物，它不像寻常之物那般稳固，而是倾斜的。当孔子询问守庙人此物的来历时，才知道这是君主置于座右的警器。孔子好奇地试探，发现它空时会倾斜，半满时则稳稳而立，全满时却会翻倒。这奇妙的现象让孔子大发感慨："唉，世间哪有盈满而不倾覆之理呢？"

听完荀子的叙述，韩非顿时面红耳赤，他明白了老师的用意——这是在借古讽今，提醒自己不可骄傲自满。荀子见状，严肃而又不失温和地说道："学无止境，你永远不能停止学习的步伐。"

韩非深受触动，他立刻向老师承认了自己的骄傲与自满，并表示从此要更加谦虚好学。他意识到，自满会让人满足于现状，沉溺于已有的成绩，从而失去前进的动力。

荀子的教诲也提醒着我们每一个人：在任何时候，都不能有自满之心。那种过分的自我感觉良好，其实是一种无知的表现。它或许能带来短暂的愉悦和满足，但最终只会损害我们的名声和前途。

停止学习意味着价值的停滞

对于个人的自我发展与实现而言，停止学习就意味着价值的停滞。很多年轻人或许尚未深刻领悟到这一点，他们还在为生存而努力，探索着学习的价值。然而，如果停滞不前，便意味着与时代脱节，连生存都成问题，更别提发展与自我实现了。

成功之路永无止境，学习也应永不停歇。只有不断学习，才能持续进步。那些满足于眼前成功的人，很难再取得更大的成就。真正的英雄是那些永不满足，始终追求卓越、超越自我的人。在瞬息万变的社会中，任何停滞都是退步的序曲，唯有持续学习，才能立于不败之地。

活到老，学到老

"活到老，学到老"这一古训，源自春秋时期的齐桓公，即便年近耄耋，他仍坚持学习。如今，在知识爆炸的时代，学习的重要性更加凸显。只有不断学习，我们才能充实自我，紧跟时代的步伐。不论学习的内容如何，我们都能从中收获知识，体验快乐。学校的学习只是人生的一个阶段，而"活到老，学到老"则是我们终身的追求和信仰。

江郎才尽

江淹是南北朝时期的文学巨匠，曾在南朝宋、齐、梁三朝担任高官，他的一生充满了传奇色彩。年少时，江淹家境贫寒，因父亲早逝，他不得不肩负起家庭的重担，上山砍柴以供养母亲。然而，生活的艰辛并没有磨灭他对知识的渴望和对文学的热爱。他坚持自学，孜孜不倦地汲取着智慧的养分，终于写出了许多脍炙人口的诗篇和文章，赢得了世人的广泛赞誉。

他的名声逐渐传扬开来，最终受到朝廷的器重，走上了仕途。然而，随着官职的升迁和公务的繁忙，江淹的文学创作逐渐受到了影响。他的文章变得平淡无奇，诗篇中也再难见到那些令人拍案叫绝的佳句。人们纷纷摇头叹息，认为他已经"江郎才尽"。

或许，江淹才华的枯竭并非偶然。在他享有盛名之后，地位和生活的改变使得他难以再像从前那样专注于文学创作。他忙于公务，沉溺于富贵荣华之中，不再像过去那样刻苦学习，这无疑导致了他的文学水平大幅下降。

传说江淹曾做过一个梦，梦中张景阳向他索回了昔日寄存的锦缎，自此他的文采便开始黯淡无光。另有一说，他在冶亭夜宿时，遇到了晋代文学家郭璞的幽灵，郭璞向他索回了曾经赠予的五色笔，此后江淹的文笔便再无往日风采。

尽管这些传说充满了神秘色彩，但也从侧面反映了江淹文学才华衰退的事实。然而，我们更应该看到，江淹文采的下降，与他做官后脱离群众、脱离生活、放松学习有着密切的关系。

不断学习才不会被淘汰

常言道："书山有路勤为径，学海无涯苦作舟。"这句话深刻地揭示了学习的真谛——勤奋与不懈。对于智者而言，持续不断的学习是成长的必由之路。人若想不断进步，就必须秉持"活到老，学到老"的精神，因为在学习的道路上，永远不应有满足之时。

几千年的知识文化积淀，绝非一朝一夕可以掌握。即便穷尽一生去学习，所能触及的也只是知识海洋中的一滴水。正如庄子所言："吾生也有涯，而知也无涯。"在这个日新月异、知识更新迅速的时代，若不及时跟进新知，个体很快就会陷入"知识半衰期"，面临被淘汰的风险。

在竞争激烈的现代社会，终身学习已成为每个人不可或缺的理念。唯有不断学习，我们才能获取生活与工作中所必需的知识，才能适应这个飞速变化的时代，胜任本职工作，避免被时代淘汰。

锲而舍之，朽木不折；
锲而不舍，金石可镂

——坚持就是胜利

荀子智慧

原文：锲而舍之，朽木不折；锲而不舍，金石可镂。

译文：不能持之以恒，哪怕是朽木也不能折断；只要持续不断地用刀刻，即便是金属玉石，也可以雕刻出图案来。

荀子指出，只有持之以恒，才能取得最终胜利。缺乏恒心者，常常浅尝辄止，半途而废，终将一无所成。

在追求目标的道路上，挑战与困难总是相伴相生。只有秉持持之以恒的决心，毫不动摇地坚持到底，我们才能跨越重重阻碍，最终抵达成功的彼岸。有人起初满怀热情，却未曾预见到前路的艰辛，一遇到困难便打退堂鼓；有人虽然对困难有所预见，却未曾料到其严峻程度，同样选择了退缩。成功往往近在咫尺，却因最后一刻的放弃而前功尽弃。因此，目标一旦确定，我们必须立即行动，并持之以恒、锲而不舍地追求到底。

李时珍重修《本草》

李时珍在三十五岁时突然萌生了一个念头——重新编纂《本草》这本药物大典。起初，一切都很顺利，因为他准备得非常充分。但当他深入研究时，发现药物的世界真的太广了，各种药材的形状、疗效和生长条件都不同，要想全部掌握真不是件容易的事。

于是，李时珍决定亲自去实地考

> 你们这是在煮什么？

> 一种能治盘骨病的花。

察。他跋山涉水,走过了江西、江苏、安徽、河南等地,行程加起来超过了两万里!他走入田间地头,和农民们聊天,从农夫、渔夫、樵夫、猎人、矿工等各行各业的人那里学到了很多知识。

在河南的一个驿站,李时珍偶然看到几个车夫在煮一种粉红色的花,他好奇地问了问,才知道这种花叫旋花,对治疗盘骨病特别有效。他非常兴奋,立刻把这种花的形状、药效等都详细地记录下来,并把它写进了自己的药物大典里。

在考察的过程中,李时珍还利用自己的医术给当地的百姓治病。他用一些简单的民间偏方,治好了一位老婆婆的长期便秘,还治好了一个妇女不停流鼻血的病症,大家都对他赞不绝口。

这次考察让李时珍意识到,知识是无处不在的,只要肯学,就能不断积累。他就这样坚持了几十年,终于在1578年完成了《本草纲目》这部医学巨著。这本书不仅总结了古代的药物知识,还为后世留下了宝贵的医学财富。

锲而不舍才能成功

"锲而舍之,朽木不折;锲而不舍,金石可镂。"这句古训揭示了成功的真谛——恒心与毅力。做人也是如此,面对人生旅途中的种种挑战,只有坚定信念,坚持不懈,才能抵达成功的彼岸。锲而不舍不仅是一种精神力量,更是实现梦想的必由之路。如果轻易放弃,便难逃失败的命运。因此,一旦明确了自己的目标,就要勇敢地走下去,无论外界如何喧嚣,内心都要保持执着与坚定。在奋斗的过程中，或许会遭遇风雨，但只要我们心怀信念，不断前行，终将迎来曙光，实现心中的梦想。

坚持不懈才能前进

人生就像一次长途旅行，路上总会遇到些风风雨雨。但无论遇到什么困难，我们都不应该放弃，因为坚持本身就是一种成就。锲而不舍的精神力量真的很强大，它能帮我们克服困难，直到成功。

那怎样才能做到锲而不舍呢？其实，当遇到困难时，我们要学会给自己加油打气，相信自己有能力战胜一切。给自己一些积极的心理暗示，这样即使面对再大的困难，我们也能感受到坚持带来的喜悦和动力。

什么样的生活都值得我们去坚持，不论现在是成功还是失败。只有坚持不懈，我们才能继续前进，迎接更加美好的明天。所以，让我们一起勇敢地面对挑战，锲而不舍地追求自己的梦想吧！

有毅力的竺可桢

竺可桢的人生轨迹，犹如一幅励志的画卷，向我们展现了一个普通人如何通过坚持和毅力，最终成就非凡的。他的故事，不仅是一段个人成长的记忆，更是对"坚持"二字的生动诠释。

竺可桢原名兆熊，寓意着家族的期望和寄托。然而，他的父亲深知，名字应当承载更多的意义。于是，他请来了镇上的私塾先生，共同商讨，最终选择了"可桢"作为他的学名，寓意着他能够像木桩一样，坚韧不拔，屹立不倒。

在成长的过程中，竺可桢遭遇了诸多挑战和质疑。他身材瘦小，常被同学嘲笑和挖苦。但正是这些嘲讽和轻视，激发了他内心深处的斗志。他深知，要想为国家做贡献，必须有一个强健的体魄。于是，他立下誓言，要通过坚持不懈地锻炼，改变自己的命运。

竺可桢制订了详细的锻炼计划，风雨无阻地坚持着。无论是酷热的夏日，还是寒冷的冬天，他都在校园里挥洒着汗水。他的坚持和毅力，最终换来了体质的显著增强。曾经频繁请病假的他，慢慢变得健康而强壮了。

竺可桢的故事告诉我们，坚持是一种伟大的精神。它不仅能让我们克服困难、战胜挑战，还能让我们在追求梦想的道路上越走越远。每个人的人生都是独特的，但无论我们面临怎样的困难和挑战，只要我们拥有坚持不懈的精神和永不放弃的信念，就一定能够实现自己的梦想和目标。让我们向竺可桢学习，用坚持不懈书写属于我们自己的辉煌篇章。

坚守初心，迎接成功

古语有云："精诚所至，金石为开。"当你坚定目标，便应勇往直前，无畏风雨。在追逐梦想的征途上，难免会遇到重重困难和种种诱惑，但唯有坚守初心，不为所动，才能拨云见日，迎来成功的曙光。

锲而不舍，是一种坚韧的心境，只有经历过风雨洗礼的人才能深刻体会。成功往往青睐那些坚韧不拔的人，他们面对荆棘坎坷从不言败，有着不达目的誓不罢休的毅力。

当然，每个人都需要一个合适的舞台来展现自己的才能，正如英雄需要战场、烈马需要驰骋、雄狮需要原野。只有找到适合自己的环境，才能最大限度地发挥潜能，实现自我价值，最终成就一番事业。

信立而霸

——诚实守信是做人的根本

荀子智慧

原文：信立而霸。

译文：有诚信的人方能树立威望。

人生路上，真实最重要。我们喜欢真实的人和东西，因为它们代表着诚实和正直。把诚实、知识和经验结合起来，才是真正的聪明。如果不诚实，成功也不会长久。说实话有时可能会让我们暂时失去一些东西，但在整个人生中，这点小损失不算什么。只要建立起好名声，让别人知道你可靠、值得信任，你就会得到更多称赞和羡慕。因为诚实和正直，会让你越来越成功。

范式守信

东汉时期有两位年轻的学子——张劭和范式，他们一起在繁华的洛阳城中求学。当结束学业，准备回家时，他们站在分别的路口，望着天空中飞翔的大雁，张劭不禁感慨万分："今日一别，不知何年才能重逢……"泪水在他的眼眶中打转，依依不舍之情溢于言表。

范式紧紧握住张劭的手，坚定地说："兄弟，不必悲伤。待两年后的秋天，当你再次抬头看到大雁时，我必定来你家拜访，与你把酒言欢。"

> 范式马上就要来了！

> 我看他未必会来。

落叶纷飞，菊花盛开，转眼间便到了约定的秋天。当张劭听到天空中传来大雁的鸣叫，心中激动不已，他急忙告诉母亲："母亲，范式要来了，我们得准备一下。"

母亲听后却摇了摇头，脸上露出些许疑惑："傻孩子，山阳郡离这里千里之遥，范式怎么可能来呢？"但张劭相信范式的为人，他深知范式诚实守信，一定会如期而至。于是，他坚定地对母亲说："母亲，您放心吧，范式一定会来的。"

约定的日子终于到来，只见远方尘土飞扬，范式果然如约而至。两位旧友重逢，喜悦之情溢于言表。母亲在一旁看着这一幕，感动得热泪盈眶，她感叹道："天下竟有如此守信之人！"范式重信守诺的故事从此传为佳话，成为后人学习的榜样。

诚信是宝贵的财富

这个故事不仅令人动容，更揭示了诚信的力量。诚信能打动人心，至诚之心可感天动地。凭借诚信，我们才能结交到真正志同道合的朋友。诚信也能引来贵人相助，助我们一臂之力。诚信的品格是我们人生中最宝贵的财富，它让别人在内心深处承认你、信任你。赢得他人的信任和友谊，比任何财富都更为珍贵。诚实守信，这一中华民族的传统美德，被历代传颂，它教会我们重视信用、坚守道义。在今天这个快速发展的时代，我们更应珍视诚信，用它来塑造自己的品格，赢得人生的成功。

以诚信为本

在日常生活中，诚实守信的重要性不言而喻。诚信是人际交往的基石，拥有良好信誉的人更易获得他人的信赖与尊重。与诚信之人交往，我们可以安心无忧，因为他们的真诚与信誉是我们可靠的保障。只有做到诚实和守信，我们才能赢得良好的人缘，吸引更多志同道合的伙伴，共同开辟更广阔的人生道路。诚信不仅关系到他人，更关系到自身。缺乏诚信，不仅会损害他人利益，更会让我们失去宝贵的资源和机会，最终导致人际关系的疏远。因此，我们应珍视诚信，以诚信为本，共同营造和谐美好的社会。

季布一诺

西汉初年，有一位名叫季布的英雄人物，他为人正直，乐于助人，还特别注重信义，一旦承诺，无论面对多大的困难，都会全力以赴地去实现，因此在当时享有极高的声誉。

季布曾是项羽麾下的得力干将，以骁勇善战著称，多次令刘邦陷入困境。然而，随着项羽的败亡，刘邦一统天下，成了汉朝的开国皇帝。刘邦每每想起曾经败给季布的经历，心中便充满了愤恨。于是，他下令全国缉拿季布，意图一雪前耻。幸运的是，一位姓周的人得知了这个消息，及时地将季布秘密转移到了鲁地一位姓朱的富豪家中。朱家以其"任侠"精神闻名于世，他们敬佩季布的侠义，竭尽全力保护他免受追捕。不仅如此，朱家的家主还亲自前往洛阳，找到与刘邦关系密切的汝阴侯夏侯婴，请求他出面为季布求情。

夏侯婴与刘邦交情深厚，曾随他南征北战，立下赫赫战功。他深感季布的不幸，于是在刘邦面前为季布辩护，最终使刘邦赦免了季布的罪行，并任命他为郎中，不久后他又升任河东太守。

还请您向陛下求情，放过季布吧。

我会尽力而为。

当时，楚地有一个名叫曹丘生的辩士，他善于结交权贵，季布很看不起他。然而，曹丘生想结识季布，于是央求皇亲国戚窦长君给自己写了一封推荐信。尽管季布初时对曹丘生心存不满，但曹丘生以真诚和智慧打动了季布，两人最终成为朋友。曹丘生不负所托，每到一处便宣扬季布的美德，使季布的名声更加远扬。

"一诺千金"这个成语正是源于季布的故事，它强调了诚信的重要性。诚信是人格的基础和精髓，是立身之本、事业之根。一个缺乏诚信的人，无论他有多么聪明或成就卓越，都无法赢得他人的尊重和信任。因此，我们应该像季布一样，坚守诚信的品格，做到一诺千金，这样才能在人生和事业的道路上走得更远、更稳。

守信为本

在人际交往的纷繁世界中，诚信犹如一盏明灯，照亮我们前行的道路。我们应该向古人学习，恪守"言必信，行必果"的原则。承诺应慎重，一旦许下，务必全力以赴去实现。若无法履行承诺，须坦诚相告，求得谅解。

人与人之间的联系，源于真诚与信任。真诚待人，守信为本，才能赢得他人的认同与尊重。随着社会的开放与交流的增多，建立与维系信任显得尤为重要。我们应秉持"己所不欲，勿施于人"的原则，从小事做起，以真诚之心待人。

诚信，作为人生航行的指南针，其重要性不言而喻。无论时代如何变迁，诚信的准则永不改变。让我们珍惜每一次信任，用真诚与守信为人生加分，为自己筑起一座坚固的信誉之塔。

其于人也，寡怨宽裕而无阿

——宽容一点，得饶人处且饶人

荀子智慧

原文：其于人也，寡怨宽裕而无阿。

译文：对于他人，他甚少抱怨，待人以宽，却不讨好。

荀子认为，真正的大丈夫，不仅智慧出众，更能包容那些软弱无力的人；他们学识渊博，却不嫌弃无知之人；他们思想深邃，却也能理解并接纳浅薄之见。这便是宽容，是真正的大家风范。

在人际关系交织的世界里，平等共处本为常态，过于计较只会将小事放大，徒增烦恼，对彼此都没有益处。因此，处世之道在于宽容与厚道。如海洋之包容江河，无论其大小清浊。能欣赏他人优点者，已属大度；而能包容他人缺点者，方显真正胸怀。此乃为人处世之大智慧，古人屡试不爽，我们亦应借鉴，以宽广的胸怀，构建和谐的人际关系。

宽容的公孙弘

公孙弘是汉代杰出的政治家，早年家境贫寒，却凭借自己的才华与努力，最终成了一国之丞相。然而，他并未因地位的升高而忘记初心，生活依旧简朴，日常饮食仅有一个荤菜，睡觉盖的也只是普通棉被。汲黯看到他这么清廉，认为他是故作姿态，以俭朴之名博取声誉，于是将此事奏告了汉武帝。

面对汲黯的质疑和汉武帝的询问，公孙弘没有为自己辩解，而是坦然接受了这一切。他深知，此时辩解只会使事态更加复杂，不如以退为进，展现自己的大度与智慧。他承认自己的确是在追求清廉之名，但并非出于恶意，而是真心实意。

更令人钦佩的是，公孙弘对汲黯的指责并没有丝毫怨言，反而赞扬其忠心耿耿。这样的胸襟，让汉武帝及众同僚都对他刮目相看。他们看到了公孙弘的谦逊与宽容，也看到了他对于清廉之名的执着追求。

公孙弘的这一番举动，不仅化解了自己的危机，还赢得了众人的尊重。他用行动证明，得理让人是一种高明的处世智慧。这种智慧，不仅能让自己在复杂的人际关系中游刃有余，还能为周围的人带来正能量。可见，在为人处世中，懂得宽容与谦让，是一种可贵的品质。

学会宽容

宽容是人性中最美的花朵，也是我们面对世界最聪明的选择。它就像人际交往中的"润滑油"，让人与人之间的关系更加顺畅。很多时候，那些让我们觉得倒霉的事情，其实是因为我们对别人太苛刻，无形中给自己设置了障碍。相反，那些好运常常是因为我们不经意间对别人的善意和帮助，为我们打开了更多的大门。

宽容就像冬天的暖阳，它温暖人心，化解冷漠。如果一个人不懂得宽容别人，他的内心就会变得僵硬，生活也会因此变得乏味和苍白。同样，如果一个人对自己也不宽容，他会因为太过紧张而疲惫不堪，甚至伤痕累累。在这个竞争激烈的社会里，我们更应该学会宽容，学会给别人留一点空间，这样我们才能走得更远，看得更宽。

宽容就是自我救赎

在日常生活中，遭遇不快之事难免令人心生惆怅。然而，怨恨他人只会加重自身的不快。要想真正快乐、充实，应学会放下对他人的伤害，宽容就是自我救赎。人的情绪易变，故需宽容以维持对事物的清晰认知。面对失误，宽容不仅是对他人的善意，更是对自己的救赎。宽容并不是纵容，而是对人性弱点的深刻理解与接纳。它包容狭隘，展现大度，让我们在人生道路上更加从容与豁达。

仁爱的沈道虔

沈道虔是南北朝时期的隐士，自幼便怀揣着仁爱之心。虽然他才学出众，却婉拒了郡州府多次的为官邀请，选择了与自然为伍，悠然自得地过着安贫乐道的生活。

沈道虔家后院有个小菜园，里面种了很多蔬菜，长势喜人。一天，沈道虔回到家中，意外地在菜园里发现了一个鬼鬼祟祟的身影，显然是来偷菜的。他悄悄来到菜园门口，只见那人身材瘦削，衣服破旧，显然十分贫困。沈道虔心中涌起一股同情，他选择静静地退到一旁，等待那人满载而归后悄然离开。

又有一次，沈道虔回到家中，发现邻居正在偷偷拔他屋后的竹笋。他

我……这个……

我送一些竹笋给你可好？

快步上前，和颜悦色地制止了邻居。邻居见自己的行径被发现，面露尴尬，不知所措。然而，沈道虔并未责备他，反而温和地说道："这些竹笋我原打算让它们长成竹林，现在拔掉实在可惜。不过，我可以送你一些更好的竹笋。"说完，他亲自派人到集市上买回一些新鲜的竹笋，赠予邻居。

沈道虔家境贫寒，为了维持生计，他常常需要到田间捡拾稻穗。在一次捡拾过程中，沈道虔遇到两个为了争夺稻穗而争执不休的人。他们面红耳赤，互不相让。沈道虔见状，上前劝解道："大家同处艰难，应当互相体谅。何不各自退一步，各自取一部分呢？"然而，两人都固执己见，不肯让步。沈道虔深知劝解无果，便将自己捡拾的稻穗全部分给了他们，化解了这场纷争。此后，每当那两人争吵时，总会想起沈道虔的善举，自觉收敛，不愿让他知道。

不要让怨恨扰乱我们的生活

宽容，简单来说就是"能饶人时就饶人"，这是生活的一门艺术。它告诉我们，要真心实意地接纳、理解和体谅别人。当你觉得生气或者想发火时，试着用宽容的心态去处理，说不定反而更容易解决问题，达到你的目标。

想象一下，如果你站在别人的角度去看事情，去感受他们的心情，你就能更深刻地理解他们。不要总是想着改变别人，而是要去发现他们的独特之处。其实，我们宽容别人，并不是为了他们，而是为了我们自己，因为这样可以让我们的内心更加平静和安宁。人生几十年，何必让怨恨和愤怒来搅乱我们的生活呢？如果我们能明白这个道理，就能更好地处理人际关系，从容地面对生活中的各种挑战。

荀子讲堂：人定胜天

君子之学也，入乎耳，箸乎心，布乎四体，形乎动静

——读书要做到活学活用

荀子智慧

原文：君子之学也，入乎耳，箸乎心，布乎四体，形乎动静。

译文：君子所学的知识，不仅听进去了，还根植在了心里。这种学习并不只是停留在表面，而是深入内部，在全身都可以找到踪迹，在每个微小的举动中都有所体现。

读书固然是学习的重要途径，但实践更是学习的精髓所在。学习不仅仅是知识的积累，更是如何将这些知识转化为实际的能力。活学活用，将所学应用于实践之中，才能真正领略到知识的力量。我们不能仅仅满足于纸上谈兵，而应勇于实践，不断探索，让知识在实践中绽放光彩，实现其真正的价值。

老学究与冥吏

在清代纪晓岚的《阅微草堂笔记》里，有这么一个有趣的读书故事。一天深夜，一位老学究独自在街头散步，突然，他碰到了一个多年前的老朋友，只不过这个朋友现在是冥府冥吏了。冥吏告诉老学究，他被冥王派去南村捉拿那些阳寿已尽的鬼魂，没想到两人就这么巧合地相遇了。

他们边走边聊，走到一条大

> 那里住着一个书生。

> 你是怎么知道的？

路边时，冥吏指着路边一座破旧的茅屋说："这屋里住着一个书生。"老学究好奇地问他是怎么知道的。冥吏解释说："一般人白天为了名利奔波，心思复杂，灵魂都被遮蔽了。但到了晚上，人心平静，灵魂就会变得清澈。这时，那些读书人心中的知识就会发出光。就算是读得不怎么样的书生，他的屋子里也会有点点亮光。"

冥吏接着说："我看那茅屋里有七八尺高的光，就知道里面住的是个书生。"老学究一听，心里挺得意，就问："我也是个读书人，那我晚上睡觉的时候，我的光有多高呢？"冥吏面露尴尬，说："昨晚我路过你家，看见你睡着了。但奇怪的是，你心中的文字都变成了黑烟，从你身上飘出来，把屋顶都笼罩了。你的学生们虽然嘴里在念文章，但一个个都好像不懂，迷迷糊糊的。我真的没看到一点光，所以只好实话实说了。"

老学究一听，气得火冒三丈，开始骂骂咧咧。那冥吏却哈哈大笑，一转眼就不见了。老学究一个人站在那里，心里五味杂陈。

这个故事告诉我们，读书不只是为了读而读，更重要的是要理解、消化和运用所学的知识，而不是像老学究那样，只做表面功夫，没有真正吸收到知识的精髓。

要学会学以致用

纪晓岚是一代才子，学识渊博，机智过人。他强调读书应活学活用，避免成为拘泥于古文的"书虫"。他通过这则故事告诫我们：读书若不能学以致用，即使满腹经纶，也只是空洞无物。真正的成就来自多读书、读好书，并将所学应用于生活与工作中，推动社会的进步。

"学以致用"是成功的关键。通过实践，我们不仅能增强自信，更能深刻掌握所学技能。读书时，我们应与现实结合，开阔视野，增长见识。若有机会,更应"行万里路",将所学化为实践,使知识成为推动事业发展的活力之源。如此,我们才能在人生的道路上不断前行,实现自我价值。

将理论转化为实际行动

将理论转化为实际行动,并在实践中不断完善,是非常关键的一步。如果只会纸上谈兵,不将所学应用于实际,最终会导致严重的问题。在现实中,我们常遇到这样的情况:书本知识若不付诸实践,就如同死水一潭。只有在实践中检验、丰富知识,并解决新问题,才能让我们更深入地理解事物。因此,我们要努力培养将理论用于实践的能力,避免空谈,以免给工作和生活带来麻烦和严重后果。

纸上谈兵

战国时期,赵国有个叫赵括的年轻人,从小就熟读兵书,每次与人讨论兵法都能说得头头是道,无人能敌。他自信满满,以为天下无敌。

赵括的父亲赵奢也是一位著名的将军,但在与儿子讨论兵法时,他虽然觉得儿子说得头头是道,却并未给予过多的赞扬。赵括的母亲不解,询问赵奢原因。赵奢说:"打仗是生死攸关的大事,需要深思熟虑,但赵括说得太过轻松,没有考虑到战场的残酷与多变。"

有一年,秦国大军来犯,赵军与秦军在长平对峙。此时赵奢已死,蔺相如病重,赵王就派廉颇率兵应战。但秦军多次挑战,廉颇都坚守不出,任由秦军在营前叫骂。秦军为了让赵军快点出战,就散布谣言,说秦军最怕的是赵括。赵王就任命赵括为将军,取代廉颇。

蔺相如进谏说:"赵括只

会纸上谈兵，不懂实战应变，若让他领兵，必败无疑。"但赵王不听，执意让赵括领军。赵括的母亲也上书劝阻，但赵王依旧不听。

赵括上任后，立刻改变了原有的军事制度和将领，导致军心动摇。秦将白起得知后，立即派遣奇兵偷袭，截断赵军的粮道，将赵军分割成两部分。赵军士气低落，饥饿难耐，赵括不得不亲自出战，结果中箭身亡。赵军大败，数十万士兵投降，被秦军坑杀。

这一战，赵国损失惨重，几乎导致灭国。第二年，秦军围困赵国都城邯郸，幸得楚、魏两国军队救援，赵国才得以保全。

这个故事告诉我们，理论知识固然重要，但实践经验同样不可或缺。只有将理论与实践相结合，才能真正取得成功。

> 我可是一早就提醒陛下了。

> 寡人不会迁怒于你的。

灵活运用知识

赵括虽熟读兵书，但实战时一败涂地，这就是死读书的代价。知识并不等同于智慧，书读得多，也不代表就能应对各种情况。

生活中的知识，常常需要我们去灵活运用。就像鲁班，他看到锯齿状的树叶，就发明了锯子；他的妻子想在下雨天有个"移动"的亭子，于是就有了雨伞。这些都是通过观察和联想，从简单的事物中创造出新的东西。

所以，我们在学习和生活中，也要学会举一反三。即使是最简单的知识，只要我们愿意发散思维，也能发现它的新用途，从而带领我们走向更广阔的世界。这种触类旁通的感觉，真的很美妙！不要局限于书本，多观察、多思考，让我们变得更聪明、更有创造力吧！

君子之求利也略

——做人不要斤斤计较

荀子智慧

原文：君子之求利也略。

译文：君子不太在乎获得利益。

斤斤计较的人总会处处挑人毛病，对身边的人横挑鼻子竖挑眼，这样的人怎么可能得到人心？即便是再干净的东西，当你拿到显微镜下，也会发现上面布满了细菌，更何况是人呢？如果我们一直带着放大镜生活，那么我们就会在生活面前止步不前。因此，与人相交，切忌斤斤计较。这样不但会让朋友离你远去，你的生活也将变得索然无味，自己的事业也会受影响。

张昭终未拜相

张昭是东吴的一个老臣，尽管他曾被孙策看重，可是他因为气量狭小始终没能拜相。

这一天，孙权设宴招待群臣，吩咐诸葛恪给大家敬酒。轮到张昭时，张昭却因为自己酒量不好推辞了，还指责诸葛恪不尊敬老人。看热闹不嫌事大的孙权为难诸葛恪，让他务必劝张昭把这杯酒喝下去，否则就要他喝了这杯酒。诸葛恪无奈，只好继续劝道："昔日师尚父九十岁，还在前线作战,从不说自己老。如今,打仗您在后,喝酒您却在前,难道这叫不敬老吗?"张昭哑口无言,只好喝了这杯酒,但他从此就怨恨上了诸葛恪。

一天,孙权和诸葛恪、张昭等人在大殿议事,这时飞过来一只白头翁。孙权询问诸葛恪这是什么鸟,诸葛恪毫不犹豫地回答了他。而在场的大臣中只有张昭的白发让人注意到,张昭误以为诸葛恪是在嘲笑他,于是对孙权说,他从未听说过白头翁这种鸟,一定是诸葛恪在撒谎。如果真的有白头翁,那不就还有白头母吗?诸葛恪毫不客气地反驳道:"那依老将军所言,这世上既然有鹦母这种鸟,那是不是还有鹦父?"张昭再次被顶回,无言以对。由于他心胸狭窄,他与其他人的关系一直都不太好。当甘宁向东吴投降后,他迫切希望能有所贡献,提出了征讨黄祖的计划,但张昭提出了反对意见。两人陷入紧张局面,孙权及时解围,表示如果发动讨伐战争,甘宁将会担任先锋。显然,孙权是在保护甘宁。

为人处世是一门大学问

像张昭这样的人,其实我们在生活中屡见不鲜。遇到这样的人,我们应该避免和他们产生正面冲突,即便产生冲突了,也要迂回地化解。如果他已经对我们的工作产生了不好的影响,我们就不能再当缩头乌龟了,而要采取一定的应对措施。在日常生活中,如果我们和他人产生了利益冲突,一定要先冷静下来,不要冲动,想想你最看重的是什么。鱼和熊掌不可兼得,如果你看重的是你们两人之间的关系,那你就退一步,也许你会收获不一样的惊喜。为人处世是一门大学问,需要我们用一生的时间去学习。人性是复杂的,我们不可能在短时间内参透其中的真谛。但有一条是我们要时刻牢记的,那就是凡事不要斤斤计较。为什么有的人活得恣意洒脱,有的人却身心俱疲,原因就在于这里。斤斤计较的人心胸狭隘,自然很难开心起来。

成大事者必先有大胸怀

但凡能成大事的人,都是宰相肚里能撑船。他们可以忍常人之不能忍,容常人之不能容。他们非常有大局观,秉承团结大多数人的原则,求同存异。他们心胸开阔,不会在一些小事上斤斤计较,只要不涉及原则问题,他们都选择睁一只眼闭一只眼。这也是他们之所以能成事并成大事的原因所在。当你有肚量,难得糊涂时,你就会吸引更多的朋友围绕在身旁。反之,你总是斤斤计较,不能包容他人的小过错,朋友自然也会离你远去。

绝缨之宴

这一天,得知前线部队打了胜仗,楚庄王设宴招待群臣。席间,楚庄王让自己的宠妃给群臣倒酒。突然,一阵大风将宫中的蜡烛全部吹灭了。趁着天黑,有人拉了拉那个宠妃的袖子,意图对她不轨。宠妃顺手拔下了那人的帽缨,并向楚庄王告状,想要楚庄王治他的罪。楚庄王却说:"酒后失礼在所难免,在座的都是国家的忠臣,我不能因为你而杀了我的将士。"于是,他假装什么事也没发生一样对众人说:"今晚难得高兴,大家一定要喝个痛快。请大家拔掉帽缨,尽情地喝吧!"待群臣都拔掉帽缨以后,楚庄王才命人重新点燃蜡烛。一时之间,宾主尽欢。

三年以后,晋国向楚国发起进攻,楚庄王御驾亲征。他发现军中有一位将官上阵杀敌异常英勇,一副完全将生死置之度外的样子。在他的带动下,其他将士也斗志昂扬,楚军大败晋军。楚庄王找到那位将官,疑惑地问他:"寡人见你这次作战非常英勇,可是寡人思忖良久,并没有发现曾许诺给你什么好处,你为什么如此不顾自身安危呢？"那人跪倒在楚庄王阶前，低头答道："三年前，臣在宫中酒后失礼，原本应该被大王处死，是大王宽容大度，不仅赦免了我，还保全了我的面子，臣深受感动，发誓要用生命来回报大王的恩德。这次正是我回报大王的好机会，所以我才会如此英勇杀敌。即便是战死在沙场上，我也毫无遗憾。"一番话让君臣二人都红了眼睛，楚庄王亲自走下台阶扶起那位将官。假如当时的楚庄王打定主意要治他的罪，那么那位犯了错的将官三年前就死了。可是，楚庄王选择了宽容，给了他一条活路，也让自己在三年后的战场上获胜。有句话说得好，当你原谅他人的过错时，其实也是在给自己留退路。帮助他人，自己也能从中收获满满的幸福。斤斤计较的人是体会不到这样的幸福的。

原谅他人的过错

是人都会犯错，这时，我们要做的不是去指责他，而是要先去分析，他为什么会犯错。人性本善，当别人犯错时，我们要真诚地劝导他、宽慰他，让他及时改正。如果因为他人犯错，导致你的利益受损，那么，你也不要去指责他人，更不要因此恨对方，自己默默地记住这次教训就好。当你选择原谅他人时，他人必定会因为你的大度而对你心存感激。假使你以后犯了错，他人也会记得你当初的恩情而选择原谅你。有的人眼里容不得一点沙子，一见到别人犯错就说个不停，这样的人很容易招致他人的怨恨。人生如此宝贵，我们要多去感受美好，而不要总揪着别人的错误不放。将精力放在你的主要事情上，明白哪些事情可以一笑置之，哪些事情要全力以赴，这样的人才是真正活明白了的人。

憍泄者，人之殃也。恭俭者，偋五兵也。虽有戈矛之刺，不如恭俭之利也

——日中则移，月满则亏

荀子智慧

原文：憍泄者，人之殃也。恭俭者，偋五兵也。虽有戈矛之刺，不如恭俭之利也。

译文：傲慢会给人带来灾祸。而谦卑可以使人免受武器的伤害。由此可以看出，哪怕武器再锋利，也不如谦卑的威力大。

荀子以其谦逊有礼的待人之道，彰显了"满招损，谦受益"的深刻哲理。谦逊，是高尚的品质，也是明智的处世之道。然而，谦逊并非无原则的妥协，亦非虚伪的俯首。真正的谦逊须与自我肯定相结合，适度展现自我。适度的成就感和喜悦感是人之常情，但过度的满足与狂妄只会成为前进的障碍，甚至导致悲剧。因此，在谦逊中保持清醒的自我认识，才能行稳致远。

盛极则衰

公元前259年，秦军攻打赵国的邯郸，打了整整17个月都没能拿下。主将王稽因为对下属不好，被人告发回秦国说他想造反。同时，范雎的好友郑安平在军队里当将军，秦军失败后他选择了投降赵国。秦昭王得知后非常愤怒，原本想连同推荐郑安平的范雎一起处罚，但念及范雎过去的贡献，最终没有惩罚他，还给了他一些食物以示宽慰。不过，范雎心里明白，自己已经失去了秦昭王的信任，因此行事变得更加谨慎。

就在这时，燕国有个失意的说客蔡泽，听说了范雎的处境，决定前往秦国碰碰运气。他在旅馆里大放厥词："我是燕国的大说客蔡泽，是个了不起的人物，秦王要是见了我，肯定会让我当相国，把范雎给替换掉。"

大家听了都哈哈大笑，觉得他在吹牛。

范雎听到这些话后，派人把蔡泽叫来，质问他："你凭什么觉得能抢了我的相位？"蔡泽不慌不忙地说："丞相怎么这么不开窍呢？就像四季更替一样，朝廷里的大臣也应该懂得适时退让的道理。你看秦国的商鞅、楚国的吴起、越国的文种，他们曾经立下赫赫战功，可最后的结局呢？哪个不是凄惨收场？"

蔡泽接着又说："现在丞相侍奉的秦昭王，跟那些能信任忠臣的君主比起来，可差远了。你的功劳虽然大，但还没超过商鞅他们，可你的地位、俸禄和财富却已经远远超过了他们。你现在还不退下来，我真的很担心啊。要知道，万物都是盛极而衰，这是不变的规律。前进和后退，都要看准时机，这才是智者的做法。你掌权这么久，得罪了不少权贵，如果不赶紧退下来，灾祸可就离你不远了。"

范雎听了蔡泽的话，觉得很有道理，于是就去拜见秦昭王，推荐蔡泽。秦昭王召见了蔡泽，跟他聊了几句后，觉得他很有才华，就让他做了客卿。不久后，范雎就找个理由辞去了相位，秦昭王就让蔡泽接了班。

学会谦逊

谦逊，无疑是人生旅途中的一盏明灯，它不仅是一种美德，更是一种智慧。以谦逊之心待人，能够赢得他人的尊重与信任，构筑起和谐的人际关系。一个成功且谦逊的人，其魅力倍增，成为众人仰慕的楷模。

谦逊的人懂得保持内心的平衡，他们深知在与人交往的过程中，尊重他人即是尊重自己。他们不会让周围的人感到卑微或失落，而是通过恰当的言谈举止，让每个人都感受到自己的价值和尊严。这种平衡感不仅体现了他们的修养与智慧，更让他们散发出一种高贵的气质，让人心生敬意。

因此，谦逊不仅是人际交往的润滑剂，更是提升自我价值的秘诀。让我们学会谦逊，用这一宝贵的品质去照亮前行的道路，赢得更多的人生财富。

保持谦逊，继续努力

面对上司的提拔与嘉奖，切莫自满。须知，每一个伟大的计划都需要时间累积，而中途的小成就不过是通往辉煌之路的微小脚步。或许你会因一时的赞誉而欢欣鼓舞，但请务必保持冷静与谦逊。对于他人的夸奖，淡然一笑，继续前行。只有当你实现了内心深处的伟大目标后，那时的成就与赞誉，才会远超你此刻所想象的。因此，保持谦逊，持续努力，直至实现你的伟大愿景。

祢衡之死

曹操在成功招安张绣之后，采纳了贾诩的良策，决定派遣一位名士前往荆州招安刘表。孔融举荐了祢衡，然而祢衡自视甚高，对曹操的部下极尽贬损之能事。张辽见状，怒不可遏，拔剑要杀他。曹操却淡淡地说："我正需一鼓吏，早晚朝贺享宴，便让祢衡担此重任。"

> 我让他做鼓吏就是要羞辱他。

> 此人出言不逊，为什么不杀了他呢？

尽管祢衡没有直接拒绝，但他的内心已经产生了不满情绪。张辽感到困惑，问道："他言辞失礼，为什么我们不杀了他，以儆效尤？"曹操微笑着回答："祢衡一向有虚名，天下皆知。如果今日杀了他，岂不让世人以为我曹操无法包容人才？而且，让他充当鼓吏，正是为了羞辱他。"

第二天，曹操举办盛大宴

会，邀请宾客欣赏音乐。祢衡穿着旧衣服走进宴会厅，演奏起《渔阳三挝》，那深沉辽远的音节如金石之音，在座者无不感慨落泪。然而，当左右提醒祢衡应该更换衣服时，他却当众脱下旧衣服，赤身裸体站立，让宾客们感到惊讶。曹操责备他的无礼，但祢衡理直气壮地回答："我展示出父母生我时的样子，以显示自己的清白之躯，何错之有？"

曹操虽然心生怒火，但他明白祢衡不是普通人，因此决定派他去荆州进行劝和活动。虽然祢衡不愿意去，但曹操还是强迫他去了。在荆州，祢衡表面上赞扬刘表，实际上却对其讽刺不止。刘表心知肚明，但不想背上害才的名声，于是将他推荐给黄祖。

在黄祖那里，祢衡依然傲慢无礼，最终因为说出"你就像庙里的神一样，虽然接受人们的祭祀，但很遗憾没有什么灵验"这句话而激怒黄祖，惨遭杀害。祢衡至死都在咒骂，曹操得知后只是淡然一笑："这腐儒的舌头成了他的剑，反而被杀了！"

避免骄傲和急躁

古语云："天不言而自高，地不言而自厚。"我们的能力和品行，不需要自己吹嘘，别人自然会看在眼里。真正的才华和胸怀，不需要刻意炫耀，更不应该傲慢自大。

人们不喜欢和自以为是的人打交道，也不会帮助那些言辞无礼的人。所以，保持谦逊和恭敬是很重要的。

真正成功的人，内心充满敬畏，这是他们的修养。而那些稍微有点成就就飘飘然的人，其实并不真正懂得成功的含义。要知道，骄傲和愚蠢常常一起出现，而骄傲只会让人离成功越来越远。

想要走得更远，就要避免骄傲和急躁，永远保持学习的热情。就像一个空杯子，总是愿意接收新的知识和经验。这样，我们才能稳步前行，在成功的道路上走得更远。

第四篇 重塑你的表达力

　　表达力是指通过语言、文字或其他方式,将自己的想法、情感、经验等清晰、准确、有效地传递给他人的能力。这种能力在现代社会中尤为重要,因为它不仅能帮助我们更好地与他人沟通交流,还可以提升我们的职场竞争力和个人魅力。很多人苦于自己的表达力不强,但实际上,表达力是可以重塑的。

彼正其名，当其辞，以务白其志义者也

——话不在多，达意则行

> **荀子智慧**
>
> 原文：彼正其名，当其辞，以务白其志义者也。
>
> 译文：君子所选的名称合适，所使用的言辞得当，是为了将思想表达清楚。

一位哲学家指出："言多必失，多言往往容易流露出愚蠢。"这确实是一个值得我们深思的问题。语言，本质上是为了沟通与交流，是我们传递思想、表达情感的桥梁。然而，若我们过于沉迷炫耀语言的技巧，过度使用修辞，反而会失去其本真的意义。这种偏离本质的华而不实的言辞，只会适得其反，阻碍真正的沟通。我们应当秉持真诚与简洁，让语言回归其最本真的功能，那就是连接人心、传递真情。

话语的威力在于精准与深度

魏国温城有位行者在前往东周的旅途中，发生了一段小插曲。当他抵达东周边境时，因身份不明被周人阻拦。面对盘问，他机智地引用了《诗经》中的名句："溥天之下，莫非王土，率土之滨，莫非王臣。"以此证明他身为天子臣民的身份，而非客人。他的这番言辞深深打动了周君，最终得以获释。此事向我们昭示了一个道理：话语的威力不在于多寡，而在于精准与深度，要能够一语中的，直击人心。

无独有偶。在东吴，有一位重臣叫诸葛瑾，他性格内敛，平时惜字如金，然而每到关键时刻，他总能用简短的话语揭示事情的本质，让人对他刮目相看。一次，校尉殷模因误会触怒了孙权，面临生死危机。众人劝说无果之际，诸葛瑾只用了简短几句话便让孙权回想起与殷模的过往情谊，最终赦免了殷模。这正是"话多不如话少，话少不如话好"的真谛。

在人际交往中，我们常常需要运用语言的力量。有时候，滔滔不绝的言辞并不如一句恰到好处的话语来得有力。诸葛瑾和温城行者的故事告诉我们，精准的言辞能够打动人心，化解危机，而冗长的陈述往往适得其反。因此，在与人沟通时，我们应该学会提炼语言，用简洁、精准的话语表达自己的观点和情感，这样才能更好地达到沟通的目的。语言是一门艺术，需要我们细心揣摩和实践。

真正的沟通力在于言之有物

"吹笛需按眼，敲鼓需敲点。"正如沟通时的话语，须简洁明了，才能令人欣然接纳。古人有云："山不在高，有仙则名；水不在深，有龙则灵。"同理，话语之魅力，不在其冗长，而在其精准。许多人误以为话多即为沟通能力强，实则不然。如池塘中的青蛙，终日喧嚣却无人关注，反遭嫌弃；而雄鸡仅在天亮时鸣叫数声，却引人注意，知晓新的一天已至。

真正的沟通力，在于言之有物，话虽少但分量重。而有些人只顾自己滔滔不绝，却忽略了听众的感受，如此话多却不得要领，只会令人反感。因此，在沟通时，我们应力求言简意赅，说到关键，让每一句话都充满力量，才能赢得他人的尊重与认同。

荀子讲堂：人定胜天

言多不等于高效

在现实生活中，人们常误以为言多即高效，实则不然。过度冗长往往适得其反，不如言简意赅来得有力。简洁干练的语言，不仅效果显著，更能展现个人的自信与决断力。与啰啰唆唆者相比，言简意赅者更显自信，而他们的语言表达亦映射出清晰的思维能力。那些说话铿锵有力者，通常思维敏捷、行事果断，是真正的有胆有识之人。

苏子的智慧

东周与西周两个国家因水资源的使用问题而陷入了纷争。东周要种植水稻，然而水源被西周控制。面对这样的困境，东周君臣忧心忡忡。此时，智者苏子站了出来，他向东周君请命："请允许我前往西周，说服他们放水，可否？"

肩负着东周的希望，苏子踏上了前往西周的路程。面对西周君，他深吸一口气，缓缓开口道："西周君，您的策略似乎有所偏差。若您坚持不放水，反而为东周提供了一个独特的机会。现今，东周的子民都专注于种植麦子，无暇他顾。倘若您想要对他们造成实质性的打击，何不突然放水，冲击他们的麦田，待他们改种水稻后，再断其水源？如此一来，东周的百姓将完全依赖于西周，听命于您。"

> 西周又拒绝了我们放水的要求。

> 陛下，让我去试试吧。

西周君闻听此言，眼中闪过一丝狡黠的光芒，他点头称赞："妙计！"于是，西周打开了水闸，水源汩汩流向东周，而苏子也因此策略的成功而受到了两国的赏赐。

这个故事告诉我们，言语的力量是无穷的，但并非所有的话语都有价值。真正有力量的话语，是那些能够直击问题核心、解决问题的言语。在说话之前，我们需要深思熟虑，谋篇布局，确保每一句话都能够达到预期的效果。

苏子的智慧不仅仅体现在他的策略上，更体现在他说话的艺术上。他能够准确地把握西周君的心理和需求，用巧妙的话语引导西周君做出符合自己利益的选择。这也提醒我们，在现代社会中，掌握事实与语言之间的关系同样重要。只要我们能够像苏子一样深思熟虑、精准表达，我们也能够说服他人，影响他人的行为。

锤炼自己的言辞

人们常说，好钢须用在刀刃上，言语亦应如此。真正的智慧并非在于滔滔不绝的言辞，而在于言简意赅、一语中的。与那些长篇大论、言之无物的话语相较，我们更应该追求的是精准与深刻。高尚之人懂得控制自己的舌头，而那些能驾驭自己言语的人，往往能在行动上获得更大的自由。因此，我们应当锤炼自己的言辞，使之精练而有力，让每一句话都如同钢珠落地，发出回响。这样，我们不仅能够更好地表达自己的意思，更能赢得他人的尊重与信任。

曲得所谓焉，然而不折伤

——把建议说得委婉些

荀子智慧

原文：曲得所谓焉，然而不折伤。

译文：跟对方讲话时委婉地表达，但又不会伤害他。

每个人都喜欢听赞美之词，难以接受逆耳忠言，"闻过则喜"的境界，或许只有孔子等圣人才能达到。荀子曾说，言辞须讲究艺术，有时将反对意见以委婉的方式表达，既能避免直接冲突，又更易于触动人心，使其接受。因此，在沟通中，我们应学会运用智慧，以柔和的方式传达真实想法，既不失真诚，又避免伤害他人。

郑板桥认错

传说，郑板桥年轻时家境贫寒，生活艰辛。有一年春节，因为无法筹备年货，他只好向当地的屠户赊了一个猪头来过年。然而，就在猪头准备下锅的瞬间，屠户却突然反悔，将猪头夺回并以高价转售。这件事在郑板桥心中留下了深深的烙印，成为他难以释怀的心结。

多年后，郑板桥赴山东范县担任官职。或许是为了宣泄心中积压已久的怨恨，他特意颁布了一项规定：杀猪的商贩不得出售猪头，即便是自己食用也需缴纳税款。这无疑是他对当年那个屠户的一种报复。然而，这一行为引起了他夫人的注意。

郑板桥的夫人是个聪慧过人的女子。她听闻丈夫的举措后，觉得颇为不妥。为了点醒郑板桥，她捉到一只老鼠，并将其吊在房中。老鼠在夜里不停地挣扎，导致郑板桥整夜未得安宁。面对丈夫的埋怨，夫人平静地讲述了自己小时候心爱的新衣被老鼠咬破的往事。她以此来类比郑板桥对屠户的怨恨，暗示他应放下私怨，以更为公正和理性的态度来处理公务。

郑板桥听后恍然大悟，对自己的行为深感愧疚。他立刻吟诗一首，表达了自己对夫人的感激之情，并承认了自己的错误。夫人的智慧和善良不仅让郑板桥认识到了自己的错误，更让他对人生有了更深的领悟。这段佳话也成为人们传颂的典范。

采用委婉的表达

委婉是一种谈话的艺术，以其温和婉转且清晰明确的特性，成为语言交际中的巧妙缓冲。它采用迂回曲折的表述方式，含蓄地传达本意，使对话者通过相关话语领悟其深层含义。这种"言在此而意在彼"的特点，巧妙诱导对方领会言外之意，从而顺畅地推进交往。从心理学角度看，委婉含蓄的表达能尊重对方的心理感受，更易于获得认同和接受。举例来说，同样的意思，采用不同的表达方式，效果大相径庭。直白的话语可能显得生硬，而委婉的表达则如春风拂面，更易于让人接受。这种艺术不仅展现了语言的魅力，更体现了人际沟通中的智慧与温度。

用更友好、更委婉的方式来表达批评

在工作中，我们常常看到批评者和被批评者之间的紧张对峙：批评者一脸严肃，而被批评者要么沮丧得不行，要么气得直冒烟。这种"火药味"十足的沟通，真的不太适合职场。它不仅让人感觉冷冰冰的，还可能让沟通效果大打折扣。

用更友好、更委婉的方式来表达批评，不仅能让对方感受到你的尊重和理解，还能让氛围更加和谐。这样，对方在听到你的意见时，更容易真心接受并改正错误，大家都能开开心心地工作。

张良劝刘邦

汉朝的开国皇帝刘邦英勇无比。当他成功攻破秦都咸阳，目睹那金碧辉煌的宫殿及那些如花似玉的宫女时，他被迷惑了。他躺在秦二世的龙床上，那种飘飘然的感觉让他如痴如醉。于是，刘邦心中萌生了在皇宫里长住的念头。

然而，这个决定并未得到手下人的支持。他手下的猛将樊哙性格直率，看到刘邦沉迷于享乐，气急败坏地责问他："你是想一统天下，还是只想做个安逸的秦王？"这样直接而尖锐的问题，显然触了刘邦的逆鳞。尽管樊哙的话从某种角度看并无不妥，但他的直言不讳引起了刘邦的反感。刘邦依然我行我素，继续在宫中寻欢作乐。

你现在这样成何体统？

还轮不到你来对我指手画脚。

幸运的是，另一位智者张良出现了。他并未像樊哙那样直接斥责，而是采用了更为巧妙的方式来劝说刘邦。张良能够深刻理解刘邦的内心世界，明白对"尊严""面子""虚荣"的关注，是每个领导者的共同心理。因此，他以一种更为委婉、更易接受的方式来表达自己的观点。

张良的高明之处在于他懂得如何维护刘邦的自尊心，同时又能够清晰地陈述利弊。他并没有直接否定刘邦的做法，而是以一种"先肯定，后否定"的策略，逐步引导刘邦认识到自己的错误。这种方式既维持了刘邦的心理平衡，又使否定变得不再那么刺耳，有所铺垫，有所陪衬，从而减少了刘邦接受进谏的心理刺激。

最终，刘邦被张良的智慧打动，决定移兵城外，专心致力于国家大事。这也标志着楚汉相争的序幕正式拉开。

曲径更能通幽

虽然通向成功的道路有多条，但有时选择一条蜿蜒的曲径，或许更为明智。在职场中，当我们需要指出同事的错误时，直接批评往往并非最佳选择。相反，委婉的表达方式更能赢得对方的理解和让对方接受。

当我们选择以委婉的言辞来表达意见时，我们其实是在铺设一条通幽的曲径，引导对方自主领悟并改正错误。这种"曲径"不仅能让我们的意图准确地传达出去，更能让对方欣然接受我们的建议。

为了避免让同事感到自身价值被贬低，我们在表达不同意见时，应尽量保持平和与宽容。委婉的表达方式就像给良药裹上糖衣，让同事在愉快的氛围中领悟我们的良苦用心。如此，我们不仅能达到指正错误、劝告对方的目的，还能让言语变得更加悦耳动听，让职场沟通更加和谐顺畅。

矜庄以莅之，端诚以处之，坚强以持之，譬称以喻之，分别以明之

——巧妙地说服他人

> **荀子智慧**
>
> 原文：矜庄以莅之，端诚以处之，坚强以持之，譬称以喻之，分别以明之。
>
> 译文：在面对他时，用严谨的态度和一颗真诚的心，用顽强的意志去给他提供帮助，用罗列的方式和比喻的方法来让他明白。

说服他人，关键在于巧妙地触动其心理与情感。过于强调自己的优点，容易引发对方的防备。相反，揭示自身的缺点或错误，能让对方暂时感到优越，但也需要注意态度，避免被对方利用。在沟通中，在保持原则的同时，还要确保对方理解你的立场，以达到说服的目的。更重要的是，要让对方认识到其观点的错误，并引导其回归到正确思路。只有这样，才能真正达到说服的目的。

触龙说赵太后

公元前266年，赵太后临危受命，执掌赵国。然而，秦国的铁蹄逼近，赵国岌岌可危。赵太后只得向齐国求助，但齐国提出了一个条件——要赵国将长安君送往齐国作为人质。这对赵太后而言，无疑是一个艰难的抉择，因为长安君是她最疼爱的儿子。

面对大臣们的轮番劝说，赵

太后却态度坚决，不愿让爱子涉险。然而，在这看似无解的困境中，左师触龙却以非凡的智慧和勇气，成功地说服了赵太后。

触龙没有直接提及长安君，也没有急于表达自己的观点，而是先以拉家常的方式，与赵太后建立起一种亲近的关系。他巧妙地从自己的身体状况、家庭琐事入手，逐渐将话题转移到父母对子女的爱和教育上。他深知赵太后对长安君的疼爱，对此并未直接否定，而是巧妙地引导赵太后认识到，真正的疼爱应当是为孩子的长远做打算。

触龙的话如同春风化雨，一点一滴地滋润着赵太后的心田。他让赵太后明白，只有将长安君送往齐国，才能让他得到锻炼和成长的机会，才能为他的未来打下坚实的基础。赵太后被触龙的话深深打动，最终做出了艰难的决定——同意将长安君送往齐国做人质。

触龙之所以能说服赵太后，关键在于他善于抓住赵太后的心，能够站在对方的角度思考问题。他的谈话充满智慧，既展现了自己的诚意和关心，又成功地引导了赵太后的思路。

这个故事告诉我们，要想说服别人，达到自己的目的，就必须善于抓住对方的心思，把话说到对方的心坎上。

欲攻其人，先攻其心

俗话说得好："欲攻其人，先攻其心。"会说话的人总能一语中的，直戳人心，让人心生愉悦，如沐春风。这种谈话的艺术，不仅能在人际交往中搭建起沟通的桥梁，更能在职场中巧妙地表达自己的观点，阐明自己的立场，赢得他人的支持与协助。

在当今竞争如此激烈的社会，掌握有目的性的说话技巧显得尤为重要。它能帮助我们更加高效地传达信息、提高办事效率，进而增加成功的可能性。因此，学会用心去倾听，用情去表达，让我们的语言成为与他人沟通的纽带，共同编织出美好的人际关系网。

要以理服人

在说服他人时,除了运用技巧,更需以事实为依据,以理服人。为避免空洞无物的言辞,我们应以具体事例和确凿事实来支撑观点。在阐述道理时,须考虑听众的认知水平,确保信息易于被接受。同时,用商量的口吻引导听众思考,营造共同探讨的氛围,避免强制接受。阐述应简明扼要,避免冗长啰唆,以免引起对方的反感,确保信息精准传递,从而更有效地实现说服的目的。

梁文康的诏书

明武宗在位时,秦藩向朝廷提出了一个敏感的请求——加封陕边地。这块土地不仅地理位置重要,而且其富饶的资源与国家安危息息相关。然而,皇上在不明真相的情况下,被某些别有用心之人误导,竟然动了封赏之念。面对这样的局势,大学士梁文康临危受命,起草了这份加封的诏书。

梁文康并没有直接反对封赏,而是巧妙地运用了正话反说的策略。他在诏书中首先回顾了皇太祖的先见之明,指出陕边地之所以不被封赏给藩王,并非出于吝啬,而是出于对国家安危的深思熟虑。接着,他话锋一转,说既然藩王如此恳切地请求得到这块土地,那就满足他的愿望吧。随后,他又列举了封赏后可能带来的种种隐患,如藩王可能在此地招兵买马、骄纵自满,甚至可能受到奸人挑唆,做出危害国家的行为。

这份诏书言辞恳切,既表达了皇上的意愿,又巧妙地传达了梁文康的担忧和劝阻之意。皇上阅读后,深感忧虑,意识到将陕边地封赏给藩王可能会带来的严重后果。最终,他改变了初衷,决定不再封赏这块土地。

这个故事充分展示了梁文康高超的说服技巧。他并没有直截了当地表达反对意见，而是通过巧妙的言辞点拨，让明武宗自己认识到问题的严重性。这种说服方式既避免了直接冲突，又达到了预期的效果。这告诉我们，在说服他人的过程中，有时候喋喋不休的劝说未必有效，而巧妙的方法往往能够达到事半功倍的效果。

> 藩王会对您的统治不利啊！

> 就当这封诏书不存在吧！

说服时要学会尊重

在说服的过程中，气氛的把控犹如掌控琴弦，至关重要。我们要以温和而富有智慧的提问，替代冰冷的命令，给予对方展现自尊与荣誉的舞台，从而营造出一种和谐友好的氛围。在这样的环境中，说服变得如春风拂面，水到渠成。

然而，若我们自视甚高，以傲慢的姿态对待他人，无视他人的感受与尊严，那么说服的桥梁便会瞬间崩塌。因为每个人都渴望被尊重，都希望在平等的基础上交流，而非被强迫接受观点。

尊重，是人际交往的黄金法则，是赢得他人信任与支持的基石。忽视尊重，就如同在人际交往的画卷上涂抹污点，使你在他人心中的形象黯淡无光。尤其是那种高高在上的"官气"，更让人避之唯恐不及。因此，学会尊重，是我们在说服他人的道路上必须掌握的一门艺术。

与人善言，暖于布帛；伤人以言，深于矛戟

——打人不打脸，骂人不揭短

> **荀子智慧**
>
> 原文：与人善言，暖于布帛；伤人以言，深于矛戟。
>
> 译文：与人交流，要用友善的语言，它的温暖程度不亚于布衣丝服；用恶毒的话让他人受到伤害，其伤害程度要远超矛戟带来的伤害。

俗语有云："打人不打脸，骂人不揭短。"真诚相处固然重要，但更应体谅他人，维护其自尊，避免触及敏感话题。"良言一句三冬暖，恶语伤人六月寒。"语言的力量，或温暖如春阳，或冷酷似利刃。同样的话语，因表达方式不同，效果天壤之别。它既可以拉近心灵，也能割裂情感，其威力不容忽视。

朱元璋与好友

明太祖朱元璋出身贫寒却凭借坚韧不拔的意志和卓越的才能，最终登上了皇帝的宝座。随着他身份的转变，他昔日的朋友们纷纷前来京城，希望能凭借旧日的情谊得到一官半职。然而，朱元璋深知，身为皇帝，必须维护自己的威严和尊严，对于那些揭他老底的行为，他深恶痛绝。

尽管如此，还是有一位与朱元璋自幼一起长大的好友，不顾一切千里迢迢

地从老家凤阳赶来南京。他历尽艰辛，终于进入皇宫，与朱元璋重逢。然而，这位好友似乎忘记了朱元璋身份的转变，一见面便大声喧哗，讲述着他们童年的趣事，甚至包括那些让朱元璋尴尬的往事。

他大声说道："朱老四啊，你现在可是威风八面啊！你还记得我吗？我们小时候一起玩耍，你犯了错误我总是替你承担惩罚。有一次我们偷了豆子，没等它熟你就急着吃，把瓦罐都弄碎了。你吃得太急了，豆子卡在了嗓子眼里，要不是我帮你弄出来，说不定你就被噎死了。"这位朋友滔滔不绝地说着，仿佛回到了无忧无虑的童年。

然而，坐在宝座上的朱元璋听到这番话，如坐针毡。他脸色阴沉，内心涌动着难以形容的情绪。他意识到，这位朋友虽然是真诚的，但并没有意识到他们的身份已经发生了翻天覆地的变化。他现在是一位至高无上的皇帝，需要的是尊严和威望，而不是这些揭开他短处的回忆。朱元璋愤怒之下将这位朋友处死了。

这位好友的命运实在令人惋惜，他因为一时的疏忽而失去了生命。这也告诉我们，在人际交往中，我们必须时刻注意自己的言谈举止，尊重他人的身份和地位，避免因无心之言而铸成大错。

避免触及别人的隐私和痛点

在人际交往中，场面话虽易说，但说得恰到好处并非易事。一不小心，就可能触及对方的敏感点，造成不必要的伤害。因此，我们应当懂得在称赞对方的优点和长处的同时，避免触及他们的隐私和痛点。每个人的内心都有一片柔软之地，需要我们用智慧和善意去呵护。

言语的力量是巨大的，它既能温暖人心，也能伤人至深。当面指责或背后议论他人的短处，都是对他人的不尊重，更是对友谊的亵渎。要知道，言语一旦说出口，便覆水难收，其影响深远而持久。

因此，我们在与人交流时，应当学会谨言慎行，用真诚和善意去温暖他人，用智慧和尊重去维护友谊。只有这样，我们才能在人际交往中取得成功，赢得他人的尊重和信任。

不要冒犯别人

每个人都有自己的长处与短处，我们应避免以己之长比人之短。揭人伤疤，终会自食恶果。珍惜人际关系，务必尊重他人的心理禁区。无意的冒犯也可能造成深深的伤害。被冒犯者失控的反应，可能会带来不可预料的后果。切勿以他人的缺陷为乐，这不仅伤害他人的自尊，更损害自己的形象。

刘备与张裕

在《三国志·周群传》中，刘备被描绘为"少须眉"，在古代社会，男子胡子、眉毛的稀疏往往被视为缺乏阳刚之气的象征。刘备那光洁的下巴，在世人眼中，或许与那些身份特殊的太监有着异曲同工之嫌。然而，这位后来名垂青史的英主，却在初到西蜀时，因一时的口快而留下了笑柄。

当刘备嘲讽张裕的茂密胡须，借由谐音之妙将张裕的胡子比作猪的鬃毛时，他或许未曾想到，自己的玩笑竟会引来张裕的巧妙反击。张裕的回应同样以谐音为引，巧妙地将"潞涿"与"露啄"相连，反讽刘备的胡须稀疏，仿佛那光秃的下巴在无情地揭示着他的短处。

鬃毛也比潞啄强啊。

我刚刚就是开玩笑。

这一番交锋，不仅体现了两位智者的言语机锋，更凸显了古代社会对于个人形象的重视。刘备虽贵为君主，但在言语之间，也需小心翼翼，避免触碰到他人的敏感之处。而张裕，虽为臣子，却凭借其机智与勇气，为自己赢得了尊严。

然而，刘备终究未能释怀。后来他借故将张裕杀害，即便诸葛亮求情也未能挽回。这一举动，虽为刘备的权谋所驱使，却也让人感叹，言语之间的较量，有时竟能决定一个人的生死。

在为人处世中，我们应当学习如何善于观察与发现他人的优点，以诚恳与善意去赞美他们。而避免触碰他人的隐私、痛处与缺点，则是对他人尊重与关心的体现。只有这样，我们才能在人际交往中取得真正的成功，赢得他人的信任与尊重。

学会"曲言婉至"

古人言："恶语伤人六月寒。"在人际交往中，有些人常以嘲讽为乐，却未意识到这种轻率的举动会给他人带来深深的伤害。戳人痛处，触及敏感话题，不仅伤害了他人的自尊，也损害了自己的形象。即使出于善意，劝诫他人时也应避免直接攻击，而应选择更为委婉的方式。

在沟通中，我们应该学会"曲言婉至"，即运用柔和的语言，以对方能够接受的方式表达观点。不要直接说出可能让对方感到不适的言辞，而是要站在对方的立场上考虑，学会换位思考。因为每个人都有自己的软肋和不愿提及的过往，我们应当尊重并避免触碰这些敏感区域。只有这样，我们才能在交流中建立真正的信任，维护深厚的友情。

荀子讲堂：人定胜天

告楷者，勿问也；说楷者，勿听也

——不要打破砂锅问到底

荀子智慧

原文：告楷者，勿问也；说楷者，勿听也。

译文：假如有人问你的事不合礼法，你不要理会；有人散播不合礼法的事，你不要穷追不舍。

和人聊天时，要注意说话的方式和火候。有句老话说得好："一句话能成事，一句话也能坏事。"所以，有经验的人说话都很小心，尽量不惹麻烦。要是你知道别人的一些秘密，那就更得小心了，不能随便乱说。碰到这种情况，直接告诉对方你会保密，反而可能让事情变得更糟。更好的做法是装作自己不知道，像什么事都没发生一样，这样才能化解尴尬，保持和谐的关系。

在适当的时候保持沉默

小王是一个职场新人，有一次，他犯下了一个令他自己都难以置信的低级错误。那天的办公室，仿佛成了他的审判场，领导的责备声如同利剑，穿透了整个空间，让他无地自容。

小王心中充满了忐忑和焦虑，他担心那些与他并肩作战的同事会因此对他投来异样的眼光，或许他们会好奇地窃窃私语，或是直接追问那天发生的事。然而，当他重新坐回自己的

你还记得那天的事吗？

哪天？什么事？

位置时，却发现同事们依旧各自忙碌着，仿佛那一切从未发生过。

这种出乎意料的平静让小王心中的石头落了地。后来，在一次与同事的闲聊中，他忍不住向一位亲近的同事吐露了自己的疑惑。对方只是淡淡地笑了笑，说："如果你愿意分享，我会是你最忠实的听众；但如果你选择沉默，我也不会多问，因为我不想再让你为那件事感到痛苦。"

这番话，如同一股暖流，温暖了小王的心。他明白了，真正的朋友，懂得在适当的时候保持沉默，他们知道，过多的追问和猜测只会增加他人的负担。这种不追问、不妄言的态度，不仅是一种自我修养的表现，更是一种对他人的尊重和善良。在这个喧嚣的世界里，有时候，静默比言语更能传递温暖和力量。

交流要懂得适可而止

在我们的日常生活中，总有一些人热衷于探寻他人的隐私，从工作状况到薪资水平，再到居住环境和地理位置，他们总希望能洞悉一切。这种行为无疑是对个人隐私的侵犯，令人心生厌烦。当这些好奇者得知你的境况时，他们的反应更是令人难以忍受，无论是趋炎附势还是冷嘲热讽，都让人避之唯恐不及。

更有甚者，他们提问时会打破砂锅问到底，不顾及他人的感受和意愿，这种无休止的追问只会让人备感压力。因此，在交流时，我们应懂得适可而止，尊重他人的隐私和意愿。当对方选择保持沉默或仅作简要回答时，我们应当停止追问，给予对方足够的空间和尊重。这样，我们才能建立起和谐的人际关系，避免产生不必要的尴尬和冲突。

适度交流

在向对方提问时,尺度的把握至关重要。对于陌生关系,避免提出过于深入或隐私的问题是关键。这既是为了避免对方感到不适或尴尬,也是为了建立基于信任和尊重的交往基础。在提问前,我们应当先审视自己与对方关系的深浅,确保问题恰当。关系亲近时,适当的深入交流能增进感情;而关系尚浅时,则应保持谨慎,避免触及敏感话题。这样的交流方式,才能让我们在维护人际关系的同时,也展现出自己的修养和风度。

不要过度追问

在办公室里,李明以其旺盛的好奇心而闻名。他总是对同事们的私事抱有浓厚的兴趣,并习惯于通过不断地追问来满足自己的好奇心。然而,他未曾察觉,这种过度的探寻正在无声无息地侵蚀着他与同事之间原本和谐的关系。

一天,张丽正为一些琐事而烦心。李明敏锐地察觉到了她的异样,便走近关切地问道:"张丽,你是不是有什么心事?家里是不是出了什么事?"

张丽原本只想简单地回应一下,但李明如同侦探般紧追不舍,继续追问道:"究竟是什么事情让你如此烦恼?跟我说说吧,或许我能给你出出主意。"在李明的一再追问下,张丽无奈地开始倾诉。

然而,李明并未就此罢休。他不断打断张丽的叙述,追问每一个细节,甚至迫不及待地给出自己的建议和解决方案。张丽逐渐感到烦躁和压抑,她需要的只是一个能够倾听她心声的人,而不是一个喋喋不休的追问者。

终于,张丽忍无可忍地打断了李明:"李明,你的关心我收到了。但现在我只想自己静一静,你能不能别再问了？"李明这才如梦初醒，意识到自己的追问可能已经让张丽感到不适。

此后，张丽开始有意无意地疏远李明。她发现，每次与李明交流时，他总是热衷于挖掘每一个细节，让她感到极不自在。而其他同事也逐渐发现了李明的这个习惯，开始对他产生反感。

李明却仍未察觉到自己行为的后果。他依然沉浸在自己的好奇心中，甚至觉得这是自己关心他人的表现。然而，他没能意识到，过度的追问已经侵犯了他人的隐私，让人产生反感和抵触情绪。

尊重他人的隐私空间

在向他人提问之际，我们应当深思熟虑，既让对方愿意回答，也尊重其隐私边界。若问题易于回答且得体，对方自然会乐于分享。反之，若提问令对方感到尴尬或不适，则失去了提问的意义。

在职场中，要想树立良好的职业形象，我们不仅要守护好自己的隐私，更应尊重他人的隐私空间。若无意间得知敏感信息，我们更应保持沉默，避免传播。这是与同事沟通交流的基本尺度，缺乏这一尺度，不仅会失去他人的信任，还可能被视作无聊之辈。

"距离产生美"这句话揭示了人际关系中的智慧。适当的距离和空间，不仅是对他人的尊重和礼貌，也是自我保护的理性选择。让我们在与人交往中，懂得保持这份恰当的尺度，共同营造和谐美好的人际关系。

廉而不见贵者，刭也

——别让你的言辞变得尖酸刻薄

> **荀子智慧**
>
> 原文：廉而不见贵者，刭也。
>
> 译文：端正守节而没有得到他人的敬重，是因为太尖刻了，会给人造成伤害。

许多人以嘲弄他人为乐，却往往忽视了听者心中的不悦。谁又愿意与那些爱讲风凉话、言辞刻薄的人为伍呢？更需要注意的是，这种习惯往往暴露出一个人内心的阴暗面——要么是忌妒心强，要么是缺乏理智、冲动且不计后果。更有甚者，还可能因此招致祸端，悔之晚矣。因此，我们必须对此保持警惕，避免陷入这种不健康的交往模式之中。

一场因玩笑而起的战争

春秋时期，当齐顷公刚刚执掌国家大权之时，四方邻国的使者纷纷前来祝贺。晋国大夫郤克、鲁国大夫季孙行父、卫国大夫孙良夫以及曹国公子首，他们各自承载了本国君主的期许，踏上了齐国的土地。然而，命运

这也太搞笑了吧！

独眼拉独眼才有意思呢！

的巧合却使得这四位使者各自带有独特的身体特征：郤克独眼，季孙行父秃顶，孙良夫腿脚不便，公子首则脊背佝偻。

齐顷公见状，心中不禁升起一股戏谑之情。他决定利用这个难得的机会，给这些使者们一次"难忘"的接待。于是，他精心挑选了同样具有这些特征的齐国人为使者们驾车。当这些特殊的车辆缓缓驶过观礼台时，齐国百姓、文武百官以及三军仪仗无不被这一幕所逗乐，笑声此起彼伏。

然而，笑声的背后隐藏着四国使者深深的愤怒与屈辱。他们感受到的不仅仅是身体上的羞辱，更是对国家尊严的践踏。于是，他们义愤填膺，誓要报仇雪恨。在愤怒与屈辱的驱使下，四位使者共同歃血结盟，决定回国后联手向齐国发起攻击。

从此，一场因玩笑而起的纷争，在晋、鲁、卫、曹四国与齐国之间持续燃烧了十几年之久。这不仅仅是一场战争，更是一场关于尊严与荣耀的较量。

适度运用玩笑

玩笑，既是社交的润滑剂，又是人际关系的双刃剑。适当运用，能活跃气氛，加深友情；但一旦过度，便会适得其反，伤害他人。真正的玩笑，应出于善意，旨在促进和谐。那些以尖酸刻薄、冷嘲热讽为乐的言辞，只会让人心生厌烦，破坏彼此间的信任与尊重。在中国古代，"三和"标准是衡量君子的重要尺度，其中语气柔和尤为关键。它代表着一种温文尔雅、顾及他人的态度。然而，在快节奏、高压力的现代社会，我们更应反思，如何以柔和的言语待人，以谦和的行为处世，保持内心的平和与宁静，共同营造一个更加和谐、友善的社会环境。

人际交往要建立在相互尊重与赞美的基础上

在社交场合中，贬低他人以抬高自己，不仅是对他人的不尊重，更是一种自我贬损。这种行为不仅会让被贬低者感到不快，也会破坏人际关系的和谐。真正的人际交往，应当建立在相互尊重与赞美的基础上。

潘安的遭遇

在西晋那个文风鼎盛、才子辈出的时代，潘安的名字如璀璨星辰般熠熠生辉。他不仅以其世间罕见的俊美面容令众生倾倒，更以其卓越的文学造诣赢得了后世无数的赞誉。然而，就是这样一位风华绝代的名士，其生命的终结却充满了戏剧性的悲剧色彩。

潘安与好友石崇是两位文坛巨匠，曾共同谱写了无数传世佳作，却在一日之间，双双被诛杀，令人唏嘘不已。而导致这一悲剧的，竟然只是一句微不足道的话。

多年前，潘安曾不经意间嘲笑过他的心腹孙秀，称他为"小人"。这本是文人之间的一句戏言，却没想到在孙秀心中埋下了深深的仇恨。多年

后，孙秀终于得势，他怀恨在心，将这份仇恨转化为对潘安的诬陷，指控他谋反。在权力面前，真相往往显得苍白无力。潘安就这样被冠以"莫须有"的罪名，遭到了无情的诛杀。更为残酷的是，他的家族也遭到了灭门的悲惨下场。

潘安或许从未想过，自己年轻时的一句戏言，竟然会引来灭顶之灾。他的生命，就因为一句话悲惨落幕，令人唏嘘不已。这不仅仅是他个人的悲剧，更是那个时代的悲剧。

不要贬低别人抬高自己

在社交场合中，以贬低他人来抬高自己，如同在人际关系的桥梁上撒下荆棘，不仅给他人带来不快，更是对人际关系的致命打击。经营和谐的人际关系固然重要，但尊重与理解更是其基石。若以他人情感为代价换取短暂的快感，终会失去人心。人们渴望被赞美，赞美如阳光，温暖人心。因此，在交往中，我们应学会欣赏与赞美他人，用真诚赢得友谊。而那些恶意贬低他人以彰显自己的人，只会让人反感与疏远。时间如镜，会反射出每个人的真实面目。让我们摒弃这种不良习气，做一个受人尊敬、真诚待人的人。贬低他人非明智之举，它虽能短暂显耀，却终会让自己失去风度与气质，沦为粗俗之人。

不观气色而言，谓之瞽

——要懂得察言观色

荀子智慧

原文：不观气色而言，谓之瞽。

译文：不会察言观色的人，是盲目的人。

俗话说得好："出门观天色，进门看脸色。"洞察人心是人际交往中不可或缺的智慧。善于察言观色的人，能够灵活应对各种场合，维持和谐的人际关系。在与他人沟通时，除了言辞要恰当，还须细心观察对方的神态和肢体语言，特别是与领导交流时更应如此。这样，我们才能避免在对方情绪不佳时失言，或在对方高兴时泼冷水。学会察言观色，不仅是对他人的尊重，更是个人修养的体现。

机智的刘墉

乾隆在位时，有一位能力出众的宰相，名叫刘墉。刘墉不仅才华横溢，而且坚守原则。他在与人交往时总能展现出超乎寻常的机智与灵活，这使得乾隆皇帝对他宠爱有加。

> 我马上也要变成老人了。

> 您可是正值壮年呢！

有一日，刘墉陪伴乾隆皇帝闲谈。乾隆皇帝望着窗外，不禁感慨道："岁月不饶人，转眼间，我也快步入老年了。"刘墉见皇帝面带忧色，便微笑着回应："皇上您哪里老，正值壮年呢！"乾隆皇帝微微摇头，叹息着说："我今年四十五岁，已不再是少年了。"

接着，乾隆皇帝好奇地问起刘墉的年龄。刘墉恭敬地回答："回皇上，臣今年也恰好四十五岁，不过臣属驴。"乾隆皇帝听后大为诧异，不解地问道："我四十五岁属马，你为何四十五岁属驴呢？"

刘墉微笑着解释道："回皇上，您贵为天子，属相自然是骏马。臣虽为臣子，但怎敢与您同属一相呢？所以，臣只好自谦为属驴了。"

刘墉的这番话既表达了对皇帝的尊敬，又巧妙地化解了尴尬。乾隆皇帝听后不禁抚掌大笑，心中的阴霾也随之消散。从此，刘墉的机智与幽默更是赢得了乾隆皇帝的喜爱与赞赏。

学会洞察人心

洞察人心是沟通的艺术。通过观察，我们能够预知对方心意，预见可能的分歧，并提前化解。这种能力使我们能够游刃有余地应对各种局面，适时给予赞美，避免冲突。

在生活中，我们常常看到有人因不善察言观色而得罪人，而有些人却总能受到优待。其实，这背后的原因并不复杂，只是他们拥有了别人所缺乏的沟通技巧和洞察力。与其抱怨世界不公，不如反思自己，尝试去学习和改变。当我们学会用心去观察，用智慧去沟通，我们也能找到属于自己的春天，让生活更加顺畅。

察言观色是必备技能

在交际中,察言观色、随机应变是一种必备技能。做客时,若遇门铃、电话响起,应主动中断交谈,让主人去处理,以示尊重。若主人与你交谈时心不在焉,目光游离,暗示有要事待办。此时,明智之举是适时告辞,留下请求,主人会感激你的体贴,并尽力完成你的托付。在人际交往中,敏锐捕捉对方的言语、表情、动作,是洞察对方意图的关键。掌握这些细微之处,才能使沟通更加顺畅,人际关系更加和谐。

汉高祖封赏

汉高祖刘邦历经千辛万苦,终于打败了项羽,一统天下。此时的他,面临着封赏功臣的重任,这是一项关系到国家未来和子孙万代的重大决策。然而,群臣各执己见,为功名利禄争执不休,这场争论持续了整整一年多。

刘邦经过深思熟虑后,决定封萧何为侯,并给予他最多的封地。然而,这一决定并未让所有人信服,私下里,议论声此起彼伏。紧接着,关于席位排列的纷争又起,许多人认为平阳侯曹参战功显赫,应列首位。刘邦虽然偏袒萧何,但在席位上,他深知自己难以再坚持己见。

此时,关内侯鄂君洞悉了刘邦的心思,他审时度势,挺身而出,以一番精彩的言辞为萧何辩护。他强调,曹参的战功虽显赫,但都是一时之功,而萧何的贡献却是万世之功。他列举了萧何在战乱中为刘邦填补战线

漏洞、转运粮草、保全关中等功绩，这些才是对汉朝长治久安至关重要的贡献。鄂君的言辞铿锵有力，既顺应了刘邦的心意，又说服了众臣。

刘邦听后，心中大喜，对鄂君的才华和机智赞不绝口。于是，他下令将萧何排在首位，并给予他特殊的待遇，可以佩剑上殿，上朝时也不必急行。而鄂君也因此被封为"安平侯"，得到了丰厚的封赏，封地扩大了将近一倍。他凭借自己的察言观色和能言善辩，为自己赢得了显赫的地位和一生的荣华富贵。

这段历史佳话，不仅展现了鄂君的聪明才智和卓越口才，也体现了刘邦作为一代英主的睿智和决断。在权力的游戏中，察言观色、随机应变的能力往往能够左右一个人的命运。鄂君正是凭借这种能力，在汉朝初期这场功臣封赏的风波中，成功地为自己赢得了一席之地。

善于捕捉弦外之音

在职场交际中，察言观色可谓一项不可或缺的技能。不懂得捕捉他人微妙的"脸色"，便难以洞悉其真实心思。无论是与同事建立和谐关系，还是与上司协商加薪，或是与客户谈判价格，敏锐的观察力都至关重要。一个人的言谈举止往往能揭示其地位、性格、品质及内心情绪。因此，善于捕捉弦外之音，是"察言"的精髓。"观色"如同看云识天气，需要深厚的洞察力，因为并非所有人每时每刻都能将情绪表露无遗。有时，人们会"笑在脸上，哭在心里"，这就需要我们更加细心地观察，以准确解读对方的心意，从而在职场上游刃有余，圆满完成各项任务。

第五篇 优化自己的交际

　　优化交际，关键在于精选同道中人。我们应寻找价值观契合、兴趣相投的伙伴，减少冲突。同时，积极维护现有的友谊，通过定期交流加深理解。面对分歧，保持开放的心态，尊重对方，共同寻求解决之道。此外，勇于拓宽社交圈，结识跨领域人士，丰富自己的人脉。精心选择、积极维护并勇敢拓展，才能构建更为和谐的人际网络，优化我们的交际体验。

其交游也，缘类而有义
——道不同不相为谋

荀子智慧

原文：其交游也，缘类而有义。

译文：君子与人相交，寻找志趣相投的人，并遵守礼仪。

荀子强调，君子择友以志同道合、礼义为先。正如韩非子所说："志趣相同才会彼此欣赏，志趣不同就会互相排斥。"只有志同道合者，才能深刻理解彼此的信念与追求，而道不同者，则难以体会对方的感怀与志向。

吕元应下棋

在唐朝元和年间，吕元应担任东都洛阳的留守。他不仅是一位睿智的官员，还是一位围棋高手，并且热衷于此。他经常与一群围棋爱好者切磋棋艺，并制定了规则：如果有人能在围棋比赛中战胜他一局，就可以享受乘车马出行的特权；如果能连胜两局，就可以邀请家人到他家中居住。

某日，吕元应与一食客在石桌旁对弈，正酣战之际，忽然有卫士送来紧急公文，让他即刻处理。吕元应不敢耽误，立刻拿起笔来批复。此刻，食客见吕元应低头忙碌，心中一动，迅速偷换了一枚棋子。然而，这个小动作

（您怎么不留下那个人？）

（没什么特殊的原因。）

被吕元应尽收眼底。

批阅完公文后,吕元应继续与食客对弈,最终食客赢了这局。他回到住所,满心欢喜,期待着吕元应能因此提升他的待遇。然而,次日吕元应却带着礼品前来,婉言请他另寻他处。对此,其他食客深感不解,但吕元应没有解释什么。

直至吕元应弥留之际,他才向儿子和侄子道出真相:"他虽赢了我一局棋,但我更看重的是他的棋品。他偷换棋子,虽是小事,却反映出他内心的卑劣。这样的人,非我辈中人,不可深交。"这番话,不仅是对儿子的教诲,更是对交友之道的深刻诠释。棋品如人品,道不同不相为谋,古人对道的追求与坚守,由此可见一斑。

> 不诚实的人不可深交啊!

> 儿子记住了。

真正的朋友贵在相知与知心

真正的朋友,当如孟子所言,贵在相知与知心。人生得一知己足矣,视之如同拥有共同的情怀。真正的朋友不会将友谊挂在嘴边,而是默默地为对方付出,不求回报。

然而,在现实中,我们常见的是那些为小事计较、只顾自己利益的人,他们无法真正理解友谊的真谛。商场上的友谊更是如此,是利益驱使下的短暂合作,一旦破裂便形同陌路。酒桌上的朋友更是泛泛之交,酒醒之后,情谊便烟消云散。

真正的友谊需要心与心的交流，但也不能盲目信任。我们应对人保持谨慎而坚定的态度，既不盲目怀疑，也不轻易相信，这样才能交到真正的朋友。

道不同不相为谋

孔子在《论语》中强调"道不同不相为谋"，指志同道合的伙伴才能同行。他进一步阐释，共同学习者未必能共赴大道，抵达大道者未必能坚守，坚守者又未必能灵活应变。这里的"道"乃是指个人志向与理想。思想品质各异者，共事难成。如朋友能共创业，未必能共守业；能共守业，未必能共创业。因此，真正的合作须建立在相同的理念和目标之上，才能长久与成功。这正是"道不同不相为谋"的深刻内涵。

伯夷与叔齐

商朝末年有一个叫孤竹国的小国，国君的儿子伯夷与叔齐感情十分深厚。国君偏爱叔齐，想将王位传给他。伯夷知道父亲的心思，不想让他为难，就选择离开故土，让位给弟弟。然而，叔齐也不愿让哥哥让位给自己，于是选择了隐退。

伯夷和叔齐听说周文王姬昌以仁孝治国，就携手投奔周国。然而，世事难料，文王离世，武王继位，誓要伐纣以安天下。伯夷、叔齐闻讯，深感武王之举有违孝道，便毅然拦马谏言，指出武王于父丧之际兴兵伐纣，既非孝行，亦非仁举。武王将士听了，怒不可遏，想要杀掉他们，幸得太公姜尚及时制止，称二人乃有德之士，不宜加害。

武王伐纣成功后，天下归心，

然而伯夷、叔齐视之为耻，誓不仕周，不食周粟。他们携手离开繁华之地，隐居于首阳山，以薇菜为食，坚守自己的信念。即便在生死关头，他们依然坚守傲骨，高歌正气，谱写了一曲壮丽的悲歌。

"登彼西山兮采其薇矣。以暴易暴兮不知其非矣。神农虞夏忽焉没兮。我安适归矣？于嗟徂兮命之衰矣！"

人生在世，虽为血肉之躯，但更应追求精神之不朽。伯夷、叔齐的故事告诉我们，即使面临生死抉择，也要坚守自己的信念和道德底线，不为世俗所动，不为邪恶所屈。这正是我们每一个人都应该铭记于心的精神力量。

结交朋友也不要丧失理智

皮囊之美易得，而心灵之契合难寻。因此，当我们邂逅与自己志趣相投的人时，那种喜悦如获珍宝，仿佛找到了难得的知音。与这样的朋友交谈，仿佛时光倒流，一见如故，话题源源不断，愉悦之感油然而生。

正如古语所云："酒逢知己千杯少，话不投机半句多。"在彼此的共鸣中，情感如春风化雨般悄然升温。然而，在享受这份心灵契合的喜悦时，我们更须保持头脑的清醒，审视对方是否真正与我们心灵相通，而非仅仅因多巴胺的短暂效应而盲目陷入其中。让我们以理智为伴，探寻那份真正能碰撞出心灵火花的深情厚谊。

施薪若一，火就燥也；
平地若一，水就湿也

——朋友在真不在多

荀子智慧

原文：施薪若一，火就燥也；平地若一，水就湿也。

译文：在一堆铺得平平整整的干柴上放火，火会先把干燥的柴烧完；在平地上浇水，水会先向湿处流去。

荀子强调，交友须慎之又慎。同类相吸，如同水往低处流，选择良友对个人品德的塑造至关重要。在人生旅途中，朋友是不可或缺的伴侣，贯穿古今。交友之道，贵在精挑细选，不仅关系到个人情感的满足，更影响个人品格的塑造与成长。因此，我们应当以审慎之心选择朋友，让友谊成为我们品德成长的坚实基础。

雷义和陈重的友谊

东汉时期，有两位好朋友，一个叫陈重，字景公，是豫章宜春人；另一个叫雷义，是豫章鄱阳人。他们从小就是玩伴，性格迥异却情同手足。陈重性格大度敦厚，而雷义则善良谨慎，两人一起学习，互相谦让，在当地出了名。

有一次，在官府任职的陈重发现一位同事欠了债，债主天天来催。

陈重悄悄帮同事还清了债务，事后却对同事说："可能是别人，跟你同名同姓的，帮你把钱还了。"

他不想让别人知道是他做的好事。还有一次,一个同事不小心拿了另外一位同事的衣服,衣服的主人以为是陈重拿的。陈重没有为自己辩解,而是自己买了一件一样的衣服还给失主。直到那个拿错衣服的同事回来,大家才知道真相。这时,大家才发现陈重是个受了委屈也不说,心胸特别宽广的人。

雷义在郡府工作的时候,经常推荐有能力的人,但他从来不说自己做了这些好事。有一次,他救了一个人,那个人为了感谢他,送来了二斤黄金,但雷义坚决不收。那个人就趁雷义不在家,偷偷把黄金放在了他家的房梁上。雷义发现后,因为找不到黄金的主人,就交给了官府。

后来,雷义和陈重都因为品德好被推荐去做官。雷义想把官位让给陈重,陈重也想把孝廉的名额让给雷义,但太守没有同意。乡亲们都说:"胶和漆粘得很紧,但都比不上雷义和陈重的感情深!"他们互相谦让的好名声传遍乡邻,最后,"三公府"同时把他们两人都召去,让他们担任了重要的职务。

交友不在多,而在精

交友不在多,而在精。人的精力有限,如果盲目追求交友的数量,必然导致应酬不断,影响生活与工作的平衡。同时,朋友众多也易忽视对朋友的精挑细选,一旦结交到品行不端或心怀叵测之人,便可能使自己陷入困境。

"朋友遍天下,知心有几人?"真正的友谊,并非泛泛之交,而是基于共同志向、思想与相互扶持。这样的友谊,能让你的生活更加丰富多彩,为人生增添光彩。而那些追求表面热闹、广泛交友的行为,实则是对友谊的亵渎。因此,在结交新朋友时,我们应当审慎选择,注重质量而非数量,让真正的友谊在我们的生活中绽放光彩。

要明确择友的标准

在择友时,我们必须明确标准,寻求品行端正、心地善良、乐于助人和勤奋上进的朋友。他们将是我们生命中的宝贵财富。要避免仅凭兴趣相投而忽视品行,盲目讲义气。我们还要慎选朋友,远离品行不良者,以防受其影响。社会纷繁复杂,人心难测,故须保持警惕,冷静观察。在深入了解对方的品性后,方可深入交往。谨慎交友,才能避免误入歧途,保护个人前程与理想。

羊左之交

春秋时期,有一位名叫左伯桃的贤士,自幼父母双亡,生活十分困难,但他并未就此沉沦,反而更加努力地学习,锤炼出了济世安民之才。然而,生逢乱世,诸侯间多行霸道,少施仁政,左伯桃虽年事已高,却仍怀才不遇,没能实现心中理想。

直到听闻楚平王以仁治国,求贤若渴,左伯桃才怀揣一腔热血,踏上了前往楚国的征途。在旅途中,他邂逅了羊角哀,这位同样命运多舛、志存高远的人。两人身世相似,又都怀有救国救民之志,言谈间发现彼此志同道合,相见恨晚,于是结拜为异姓兄弟,一同奔赴楚国。

一天,他们行至岐阳,在翻越一座荒凉的大山时,却遭遇了前所未有的困境。当时大雪纷飞,天寒地冻,他们衣衫单薄,干粮不足,左伯桃又

你振作一点!

你别管我,赶紧走吧!

体弱多病，一不小心便摔倒在地。面对如此绝境，左伯桃深知两人同行必无生机，便劝说羊角哀先行离去，自己愿以死成全兄弟的抱负。

羊角哀坚决不肯，誓要生死与共。他四处寻找柴火，想要生火取暖，回来却发现左伯桃已经脱去衣物，靠在树下，决心以死相让。左伯桃言辞恳切，表明自己愿以生命换取羊角哀的生机，让他能完成济世安民的理想。羊角哀虽然十分心痛，却也只能无奈地接受这一事实，含着眼泪带着两人的衣物和粮食继续前行。

终于，羊角哀在大雪封山之前穿越了荒野，到达楚国。他的才学得到楚平王的高度赞赏，被赐以千金，封为重臣。然而，他心中始终不忘左伯桃的恩情，要做的第一件事便是带领随从回到那座百里荒山，含泪收葬了左伯桃的尸骸。

构建和维护良好的人际关系

人生旅途，单打独斗难以成事，因此，构建和维护良好的人际关系显得尤为重要。结交朋友不仅要有眼光，更要谨慎。在与朋友相处时，我们应当留心观察其思想深度、兴趣爱好的契合度、品质的纯净度以及行为的正直性。这并非要求朋友在各方面都超越自己，而是强调在交往中能够互补长短，共同成长。孔子曾说"毋友不如己者"，并非狭隘地要求朋友必须超越自己，而是提醒我们要交心灵纯净、品德高尚的朋友，并以之为榜样。同时，我们也应理解人无完人，朋友也是如此。只要朋友品行端正，能真心相待，便是值得深交的良伴。因此，在结交朋友时，我们既要认真审视，又要以宽容之心接纳。

方其人之习君子之说,则尊以遍矣,周于世矣。故曰,学莫便乎近其人

——多亲近良师益友

> **荀子智慧**
>
> 原文:方其人之习君子之说,则尊以遍矣,周于世矣。故曰,学莫便乎近其人。
>
> 译文:模仿好的老师,学习君子之说,就可以推崇德行、开阔视野了。因此说,学习最便捷的方法就是靠近好的老师。

每个人的智慧与知识架构都不相同,每个人都有值得你学习的闪光点。在人生旅途中,你会邂逅众多行业翘楚。他们成功的背后,往往有良师益友的默默付出。这些良师益友,如同指引你前行的明灯,用他们丰富的人生经验和智慧,助你塑造更完善的人格,助你发现并改正错误,让你的成长之路更加顺畅,减少波折。他们在你的人生中扮演着不可或缺的角色,让你在求知的道路上更加坚定,快速前行。

王国维与罗振玉的友谊

王国维与罗振玉是两位举世瞩目的国学大师,他们的相识源于一次意外邂逅。1896年,罗振玉在上海创立学农社,并设立农报馆,编辑出版《农学报》,旨在引进欧美及日本的农科知识与书报至中国。为此,他于1898年在上海开设东文学社,以培育翻译人才。

罗振玉的外孙刘蕙孙曾经深情地回忆起这段往事。戊戌年(1898)正月初

二，罗振玉造访《时务报》馆，要给馆主汪康年拜年。他进入馆内，却没看到一个人影，于是他拾级而上，发现在一个小房间内有人正独斟自饮，桌上摊开着一本《文选·两都赋》。

罗振玉对此十分好奇，就走进小房间，与这位独自品酒读书的人交谈起来。原来，他便是《时务报》的校对员——海宁才子王静安（王国维）。两人畅谈之中，罗振玉对王国维的才华与学识大为赞赏。特别是看到王国维为朋友题写的扇面诗句"千秋壮观君知否？墨海西头望大秦"，更是让他对王国维的才情刮目相看。

罗振玉力邀王国维加入东文学社深造，并承诺助其解决生计问题。王国维欣然应允，这一年他年仅二十二岁。这一步是他日后成为国学大师的关键转折点。王国维对罗振玉的知遇之恩感激不已，曾以"匠石"为喻，赞誉罗振玉为他的伯乐。

1911年，两人一同东渡，王国维的兴趣也在罗振玉的引导下，由西方哲学转向国学。这段经历，不仅铸就了两位大师的不解之缘，也为中国国学界留下了浓墨重彩的一笔。

亲近良师益友

良师益友，如同生活中的宝藏，他们或许平凡，但他们的智慧和德行却在我们的生命中留下深刻的烙印。他们不仅传授我们知识，更塑造我们的人格，引导我们前行。亲近这样的良师益友，我们自然会被他们的修养和人格魅力所吸引，心生恭敬。

与良师益友为伴，我们学会了包容与理解，相互学习优点，共同克服短处。这样的相处之道，让我们远离小人，减少了斗争，从而更加专注于自己的成长和进步。

当我们学会用包容和理解的心向他人学习时，我们的德行和修养便会日益提升,过错也会逐渐减少。面对自己的过错,我们学会了悔过和改正,这样的态度让我们的人生变得更加顺利和美好。因此,珍惜身边的良师益友,向他们学习,是我们人生路上不可或缺的财富。

良师益友的重要性

良师,顾名思义,不仅心怀善良,更能以身作则,他们以行动示范传授智慧。在人生路上,难免遭遇小人、敌人和仇人的困扰。为了避免这些纷扰,我们应多结交良师益友。良师以智慧指引我们前行,益友则助我们及时纠正错误。与这样的朋友为伴,我们能在人生道路上走得更加稳健,减少不必要的困扰,实现自我的成长与提升。

魏昭拜师

东汉时期,有一位儒家学者,名叫魏昭,他聪慧过人,被誉为"神童"。魏昭自幼熟读诸子经典,年仅十五岁便因才华横溢而被人举荐入仕。然而,他不仅仅满足于学识的积累,更加注重品行的修养。他为人忠厚,尊师重道,对学问的追求更是孜孜不倦。

当时,南阳有一位德高望重的大儒,名为郭林宗,被世人尊称为"介休三贤"之一。魏昭在太学读书时,便对郭林宗的大名如雷贯耳,心中仰慕不已,渴望能够投其门下,亲聆其教诲。尽管洛阳与南阳相距甚远,但他毅然决定,不远千里,前往南阳求师。

> 这老头子还真是会摆谱。
>
> 不许对先生无礼。

魏昭挑选了一个吉日,率领随从携带厚礼,踏上了前往南阳的征途。经过一番跋涉,他们终于抵达了南阳。到达郭宅时,只见绿树成荫,宅院素朴而庄重,大门紧闭。魏昭整衣肃容,亲自上前敲门。

门童开门后,魏昭恭敬地说明来意,但被告知郭林宗身体不适,不便会客。魏昭虽感失望,但决心已定，表示愿意在此等候。随从们见状，纷纷劝他离去，但魏昭不为所动，坚持要见到郭老先生。

这一等便是三天三夜，郭林宗见魏昭如此诚心，终于决定与他相见。在交谈中，魏昭对郭林宗的学识和品行深感敬佩，当即表达了拜师之意。然而，郭林宗并未立即答应，而是对魏昭进行了多番考验。

一日，郭林宗想吃粥，点名要魏昭亲自为他熬煮。魏昭欣然应允，尽管随从们心中不忿，但魏昭始终保持着恭敬的态度。然而，郭林宗对魏昭熬的粥并不满意，连续三次都严厉责骂。但魏昭并未气馁，反而更加恭敬地重新熬煮。

最终，郭林宗被魏昭的诚心打动，决定收他为徒。在郭林宗的悉心指导下，魏昭的学问和品行都有了长足的进步，终成一代大家。他的故事传颂千古，成为后人尊师重道的典范。

找到一位良师益友至关重要

"经师易遇，人师难遭。"魏昭的诚心拜师，展现了尊师重道的典范。在当今社会，同样如此，对待师长须怀诚敬之心，才能获得其倾心相授。

对于那些渴望事业成功的人来说，找到一位良师益友至关重要。这样的前辈不仅愿意伸出援手，更乐于提携晚辈。而得到过良师益友提拔的人，往往更容易走向成功。

维系这种师徒关系的关键在于互动与激励。可以定期与前辈共进早餐，交流心得，或安排训练课程深化学习。重要的是，双方须触及内心，相互激发，实现双赢。前辈会因此受到启发，而晚辈也能从中汲取无尽的智慧。

这种师徒关系不仅让双方受益，更传递着爱心与分享的精神。彼此吸引，共同合作，一起走向成功之路，是人生一大乐事。

荀子讲堂：人定胜天

君子居必择乡，游必就士

——近朱者赤，近墨者黑

荀子智慧

原文：君子居必择乡，游必就士。

译文：君子择居一定会选择乡邻，交游一定会选择与贤士亲近。

荀子言："故君子居必择乡，游必就士。"其深意在于，君子择居择友皆以正直为标，以防邪恶之染。荀子以蓬草、白沙、兰槐之喻，警示我们环境对人之影响巨大。蓬草因麻而直，白沙因泥而黑，兰槐因污水而失香，故曰"近朱者赤，近墨者黑"。君子深知此理，故交友必慎，择善而从，以保持自身之纯洁与高尚。

明智的曾国藩

在太平天国运动进行得如火如荼之时，清廷对曾国藩及其湘军的态度充满矛盾。一方面，太平天国声势浩大，唯有曾国藩的湘军能与之抗衡；另一方面，清廷又忧心忡忡，担心这位汉人将领手握重兵，对朝廷构成潜在威胁。因此，清廷虽任用曾国藩，却未给予其高位实权，令曾国藩倍感苦恼。

有一天，曾国藩收到了胡林翼转来的肃顺的机密信件，得知这位掌握朝廷大权的顾命大臣极力在西太后面前推荐他出任两江总督。对于曾国藩来说，这是一个巨大的转机。然而，他并没有因此而盲目乐观。他清

您被举荐还不开心吗？

我觉得其中有阴谋。

楚肃顺虽然权势滔天，但为人刚愎自用，目中无人。同时，他也察觉到西太后虽然表面上暂时平静，但实际上是一个极其强势、心思深沉的人。

在权衡利弊之后，曾国藩决定暂不向肃顺表示感激。他明白，此刻的局势变幻莫测，肃顺的专权能维持多久尚是未知数。若贸然与肃顺结党营私，一旦西太后掌权，自己必将受到牵连。因此，他选择保持中立，既不得罪肃顺，也不疏远西太后。

事实证明，曾国藩的决策是明智的。不久之后，肃顺就被西太后抄家问斩，而曾国藩因其谨慎的态度而得以保全自身。这一事件再次证明了曾国藩深谙交友之道，他明白交友必须慎重，不能因一时的利益而盲目结交。在与他人交往时，他始终注意观察对方的思想、兴趣、爱好、品质和行为，确保自己结交的是真正值得信赖的朋友。

> 肃顺被西太后抄家了！

> 我已经料到会有这么一天了。

交友之道关系到人的成长与未来

自古有言："近朱者赤，近墨者黑。"交友之道关系到个人成长与未来。荀子强调，君子应择善而居，择贤而交，以防误入歧途。与不如己者相交，或许能带来短暂的心理慰藉，但对事业成长并无裨益。中国传统观念倡导以情会友，然而，在现代社会中，社交更强调信息共享、情感沟通与相助相求。我们不应片面将相求相助视为"势利"，而应理性看待。荀子承孔子之思想，主张结交正直、诚信、博学之人，远离虚伪谄媚之辈。因此，我们应明智地选择朋友，结交那些品行端正、心地善良、乐于助人、勤奋上进的人。这样的益友将成为我们一生中最宝贵的财富，助我们走向成功。

益者三友，损者三友

孔子曾言："益者三友，损者三友。"其中，友直、友谅、友多闻，乃益友，有助于个人成长；而友便辟、友善柔、友便佞，则为损友，有害无益。益友如明镜，照见真实；损友如暗流，不知不觉间引人误入歧途。朋友的影响力往往超越父母和师长，因此，我们更应审慎选择，结交那些正直、宽容、博学的益友，远离那些任性、依赖、逢迎的损友，让友谊成为我们人生路上的一盏明灯。

孟母三迁

孟子年幼时父亲就去世了，留下他与母亲相依为命。孟母是一个性格坚毅的人，尽管生活艰辛，却从未放弃对儿子的教育。

孟子天生聪颖，对周围的一切都充满了好奇，他的模仿能力更是出类拔萃。最初，孟子家住在一片墓地附近，每当送葬的队伍经过时，他都会好奇地跟着学吹喇叭，甚至与一群孩子玩起送葬的游戏。孟母深知这样的环境对孟子的成长不利，于是毅然决定搬家。她带着孟子来到城中，希望为他营造一个好的学习环境。

新家靠近一个屠宰场，孟子每天都被屠夫们熟练的屠宰技巧所吸引，竟然开始模仿他们杀猪。孟母看在眼里，急在心里。她明白这样的环境同样不利于孟子的成长。于是，她又一次做出了艰难的决定——再次搬家。

这一次，孟母把家安在了一个学堂的附近。每天清晨，学堂里的读书声便传入孟子的耳中。他好奇地跑到学堂外，跟着学生们一起摇头晃脑地读书。渐渐地，他变得守秩序、懂礼貌，展现出与众不同的才华。孔子的孙子在这里教书，见孟子聪明伶俐，便收他为徒，并免除了他的学费。

> 我们为什么要搬家啊？

> 为了给你营造更好的学习环境。

孤儿寡母，搬家三次，每一次都充满了艰辛与不易。但孟母为了儿子的成长，不惜付出一切代价。她深知环境对一个人成长的重要性，正如那句古话所说："近朱者赤，近墨者黑。"孟子的成长经历充分证明了这一点。好的环境可以让人向善、进步，而恶劣的环境则可能让人误入歧途。孟母的远见与决心，为孟子铺设了一条通往成功的道路。

接近成功者

孟母三迁，只为孟子能在更好的环境中成长。从墓地到街市，再到学校，每一次搬迁都旨在为孟子营造一个更有益于他成长的环境。

知识非天赋，乃勤学所得。常人只见其成果，却忽略了背后的努力。理解知识的形成与发展，更能让我们深刻体会其内涵。探索圣人的举止、言谈与知识之间的微妙联系，仿若触摸到知识的灵魂。

人们常因利益而构建关系，但追求与优秀者接触，不仅是对其成就的致敬，更是自我提升的重要途径。这并非屈辱或迎奉，而是一种对卓越的追求与尊重。通过接近成功者，我们能更深刻地理解他们的成就，也能更清醒地认识到自己的不足，从而不断向前。

得良友而友之，则所见者忠信敬让之行也。身日进于仁义而不自知也者

——学会结交真正的朋友

荀子智慧

原文：得良友而友之，则所见者忠信敬让之行也。身日进于仁义而不自知也者。

译文：觅得一个良友，并和他结交，那么你所看到的就全部是忠、信、敬、让的行为。你自己也在潜移默化中慢慢明白了"仁义"的道理。

朋友，作为人生旅途中的重要伴侣，其影响力不容小觑。选择乐观进取、品格高尚的朋友，如同选择了一片充满阳光的沃土，能滋养心灵，激发潜能。正如荀子所言，"隆师而亲友"，我们应当择善而交。若不慎结交了品行不佳的"恶友"，则应及时远离，以免受其负面影响，此谓"弃友"。因而，明智地选择朋友，才能书写美好的人生篇章。

沙漠中的两个人

在广袤无垠的沙漠中，有两位挚友并肩作战，他们的友谊如同血浓于水的兄弟一般。

当这两位朋友在沙漠中迷失了方向，生命的火焰即将熄灭之际，发现前方有一棵树，树上悬挂着两个果子。显然，拿到大的果子的人更容易走出沙漠。

两位朋友没有犹豫，他们一起向那棵树走去。然而，在果实面前，他们却停下

了脚步。他们相视而笑，眼中充满了对彼此的信任。但随着时间的流逝，夜幕降临，他们深知这可能是他们最后的时刻。

当黎明的第一缕阳光洒向沙漠时，其中一个人醒来，发现自己的朋友已经不在了，树上也只剩下一个干瘪的小果子。他心中充满了失望和悲痛，不是因为即将到来的死亡，而是因为他开始怀疑他们的友情。然而，当他悲愤地吃下那个果子时，却在不远处发现了倒在地上的朋友。他的手中紧握着一个更小、更干瘪的果子。

原来，为了让他能够活下去，朋友选择了那个更小的果子，将活下去的希望留给了他。他瞬间泪如雨下，明白了友情的真谛——牺牲与奉献。他抱着朋友的身体，在沙漠中放声痛哭。

结交真正的朋友是一门艺术

在人际交往中，结交真正的朋友是一门艺术。真正的友谊不仅仅停留在表面的交往上，而是需要心灵的契合与真诚。我们应当寻找那些正直、诚信、博学多闻的人作为朋友。一旦发现朋友的过错，我们应该以真诚和恳切的态度给予忠告，帮助他们避免重蹈覆辙。

知己，是生命中难得的宝贵财富。他们与我们同心同德，共同追求梦想，分享成功的喜悦。正如古语所言："人生得一知己足矣。"知己如同生命中最闪耀的钻石，为我们的存在增添光彩。

结交懂得自尊自爱的朋友同样重要。自尊自爱的人不仅能赢得他人的尊重，还能促进自身的身心健康和品德修养。他们拥有强烈的个人主义意识，但又不失诚实和忠诚。他们不容忍被欺辱，一旦受到侵犯，会坚决捍卫自己的尊严。与这样的人交往，我们将收获一个健康、积极、向上的朋友，共同走向更加美好的未来。

真正的友谊并非轻易可得

在友情的洗礼中，我们与挚友建立起深厚的纽带，这份情谊促使我们审视自我，调整步伐，从而更好地融入社会。然而，真正的友谊并非轻易可得，每个人都有其独特的人生轨迹和性格，选择朋友时，我们也会依据自身的标准和期待，寻找那些能与自己心灵契合的伙伴。

人生在世，交友乃常态，然而，像吴宓与陈寅恪这般历经风雨、情谊深厚的师友关系，实乃历史长河中罕见的瑰宝。这两位才子最初在哈佛的校园里结下了不解之缘，此后在清华大学共事，联大流亡，燕京授业，他们的友情如同管鲍之交，历久弥新。即便是在南北分隔的岁月里，他们依然保持着书信往来，彼此牵挂。尤其是在陈寅恪目盲足膑、吴宓情亡道损之后，他们的情谊更是如同"同是天涯沦落人"，虽远隔万里，却心心相印，共同坚守着那份对文化的执着追求。

吴宓在日记中深情地记载，陈寅恪去世后，他仍在梦中与老友交流思想，这种情感之深，让人动容。究竟是什么让两个性格迥异的人心灵相通、结为知己的呢？这不禁让人深思。

志同道合的朋友

在20世纪20年代初的上海和江浙地区，朱自清结识了一群志同道合的朋友，其中包括叶圣陶、郑振铎、夏丏尊等。这些朋友都是江浙地区的才子，具有江浙知识分子特有的理性和宽容气质。他们共同热爱新文学，擅长用白话文写作，笔下流淌着对美好世界的向往。他们受过新文化的影响，同时也深深扎根于传统文化土壤，对待中西文化持平和一致的态度。

这群知识分子没有到海外去，他们与土地的联系更加密切，身上散发着本土的平民气质。他们追求传统儒家的君子人格，向往自然和谐的精神世界和个性气质的平易近人。朱自清和他的朋友们在文化个性和精神气质上非常契合，他们一见如故，成了终生的朋友。在岁月的风风雨雨中，他们始终保持相同的人生轨迹，共同书写了属于他们的时代篇章。

让友情如细水长流

在人生的旅途中，那些能在你困厄时伸出援手的人，方为真正的朋友。他们摒弃了虚伪，与你心手相连，共度风雨。他们的精神世界丰盈，总能在关键时刻为你遮风挡雨，成为你一生的骄傲。

成为他人的挚友，也必须以真心和诚意相待。在日常生活中，关心朋友，于危难时挺身而出，才能赢得友谊的芬芳。真正的友谊建立在相互信任的基础上，彼此倾诉，坚守道义。诚实是交友的基石，它吸引志同道合的朋友，因为诚实的人总能赢得他人的尊重。

但即使是真正的朋友，也要保持适当的距离，尊重彼此，才能维持友谊的纯粹与长久。要想友情如细水长流，彼此惦念，只需做到两点：尊重朋友，真心相待。如此，人际关系和谐，朋友间才能真正地互帮互助，共同走过人生的每一个阶段。

相人，古之人无有也，学者不道也

——不要以貌取人

荀子智慧

原文：相人，古之人无有也，学者不道也。

译文：以相术为依据，来推断一个人是福还是祸，古代的人不会这样做，有学问的人也不屑于说这种事。

荀子告诫我们，不要以貌取人。然而，现代社会仍有人痴迷于外貌，尤其在交友时更易受其左右，因此误入歧途。须知，人的外貌并非其内在品质的写照，以貌取人乃人际交往之大忌。长相、体形乃天生，非人所能选择。若仅凭外貌评人，只能显示你的狭隘与肤浅。真正的朋友，须看其品德与智慧，而非表面之外貌。

韦诜择婿

唐玄宗在位时，裴宽在润州担任地方官员的助手。润州刺史韦诜家中有一个千金，正值芳华待嫁之际，韦诜一直希望能为她挑选一位德才兼备的良婿，然而始终未能如愿。

一天，韦诜在家中闲坐，登上楼阁远眺。不经意间，他发现花园中有一个人正在忙碌地挖坑掩埋着什么。在好奇心的驱使下，他询问了家中的仆人。仆人打探后回报："大人，那是裴宽。他素来为官清廉，从不受人贿赂。近日有人强行赠予他一大块鹿

肉干，他无法推辞，便只好将其埋于此处，以免玷污了自己的清誉，辱没了家门。"

听到这番话后，韦诜对裴宽的品行赞叹不已，于是决定把女儿许配给他。就在婚礼那天，韦诜让女儿躲在一顶帷帐后面，偷偷地观察这个未来的丈夫。然而，韦家小姐初次见到裴宽时，却感到有些失望。裴宽身材高大瘦削，穿着一件碧绿色的衣服，与其他人大不相同。在当时，人们常常以此取笑他，戏称他为"碧鹳"。

韦诜见女儿面露难色，便严肃地对她说道："孩子，父母为你挑选夫君，看重的是他的品德与才华，而非外貌。裴宽乃是贤良之人，将来必定能有一番作为。你怎可因他的外貌而轻视他呢？"

果然，裴宽不负韦诜的期望，后来官至礼部尚书，名扬四海，成为一代贤臣。而他与韦家小姐的婚姻，也成就了一段佳话。

外貌不应成为评判一个人的标准

荀子深谙以貌取人之弊，他明确指出，外貌不应成为评判一个人的标准。历史上诸多杰出之士，如尧、舜、周文王、周公姬旦、孔子等，他们的才德与相貌并无直接关联。荀子以公孙吕、孙叔敖、叶公子高等为例，这些人虽外貌平凡，甚至有些丑陋，但他们的才华与成就照样名垂青史。

荀子强调，真正重要的是考察一个人的内心思想，而更关键的是他所采取的处世方法。他指出："相形不如论心，论心不如择术。"外表的美丑无法反映一个人的内在品质，而内心的思想又需要通过行动来体现其价值。因此，选择正确的处世方法，是评判一个人最为关键的标准。这种见解深刻而独到，提醒我们不要轻易以貌取人，而应更加关注一个人的内在品质与处世智慧。

品质比美丽更重要

生活中，容貌常成为我们判断他人的初印象，美丽虽悦目，但其影响有限。美丽能带来短暂的愉悦和光环效应，然而在长期相处中，人们更看重的是内在品质。须知万物皆变，人亦如此。因此，在人际交往中，我们应避免以貌取人，不应被表面的美丽所迷惑。唯有深入了解，从本质出发进行客观分析，才能做出明智、利己的决策。这样的洞察力和判断力，才是我们在人生道路上不可或缺的财富。

孔子自省

孔子，作为中华文化的瑰宝和一代圣人，其智慧与德行一直为世人所景仰。然而，即便是这位圣人，也曾有过"以貌取人，失之子羽"的遗憾。

孔子的弟子众多，各具特色。其中有一位名叫宰予的弟子，他言辞犀利，能言善辩，初次见面就给孔子留下了良好的印象。然而，随着时间的推移，宰予的真实面目逐渐显露，他既缺乏仁德之心，又异常懒惰，常常在大白天躺在床上酣睡。对此，孔子不禁失望地感叹道："真是朽木不可雕也！"

与此同时，孔子还有一位名叫澹台灭明（字子羽）的弟子。子羽的外貌和身材并不出众，甚至有些丑陋。初次见到子羽时，孔子曾对他的才能产生过怀疑。然而，子羽并没有气馁，反而更加努力地学习。他师从孔子

后，专注于修身实践，行事光明正大，从不走歪门邪道。即使不是为了公务，他也从不轻易会见公卿大夫。后来，子羽游历到长江一带，他的名声和声望逐渐传播开来，跟随他学习的弟子多达三百人。各个诸侯国都传颂着他的名字，对他赞不绝口。

当孔子得知子羽的成就时，他深感羞愧和遗憾。他感慨地说："以前我只凭言辞判断人的品质和能力，结果错误地判断了宰予；我又只凭相貌判断人的天赋和潜力，结果错误地判断了子羽。"

这一番话不仅体现了孔子的谦逊和自省精神，也警示我们不要以貌取人，要深入了解一个人的内在品质和潜力。

因此，我们应该时刻提醒自己，不要仅凭外表或初步印象就轻易地对他人做出判断。我们应该用心去观察和了解一个人，才能真正发现他的优点和潜力。只有这样，我们才能做出更加准确和明智的判断。

不要以貌取人

荀子深谙人心之道，他明确指出，内心的修养和处世哲学才是决定一个人吉凶祸福的关键。那些品德高尚的君子，因其内心的纯净和行为的端正，往往能迎来吉祥；而品行低劣的小人，则因内心的阴暗和行为的偏颇，往往遭遇凶险。在荀子看来，人的高矮胖瘦、美丑之相，皆无法预测其命运，真正的主宰在于个人的思想和处世智慧。

荀子这一观点，对于当时迷信"相人之术"的社会风气而言，无疑是有力的批判。对于我们现代人而言，同样具有深刻的启示意义。在评价他人时，我们应深入探究其内在的思想品德和处世智慧，而不是光看表面。同时，我们也要明白，我们的命运并非上天注定，而是我们自己的选择和努力的结果。

第六篇 规范做事的方法

在规范做事的方法上，荀子提出了很多建议，比如成功需要积累、需要行动等，这些方法可以帮助我们更好地规范自己的行为和做事方式，提升个人品德和做事能力。

荀子讲堂：人定胜天

不积跬步，无以至千里；
不积小流，无以成江海

——成功需要不断积累

荀子智慧

原文：不积跬步，无以至千里；不积小流，无以成江海。

译文：不积累那一步半步，就抵达不了千里之外；没有众多细小的河流，就不可能汇成大海。

荀子告诉我们，别看小事微不足道，但它们累积起来就像一座大山。如果你总是忽略这些小事情，就很难做成大事。因为小事情经常发生，一点一滴积累起来，最终产生的力量是巨大的；而大事很少发生，所以累积起来的力量就小很多。

揠苗助长

在很久以前，有个农夫，他像许多勤劳的农夫一样，每天都在自己的田里辛勤劳作。他精心照料着那些禾苗，期待它们能快快长大，带给他满满的收获。

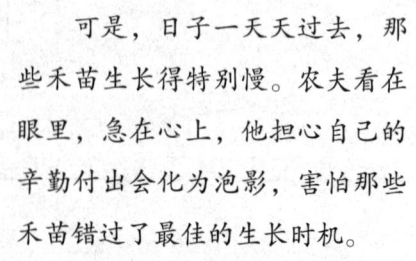

你们什么时候才能长高啊？

可是，日子一天天过去，那些禾苗生长得特别慢。农夫看在眼里，急在心上，他担心自己的辛勤付出会化为泡影，害怕那些禾苗错过了最佳的生长时机。

终于有一天，农夫实在忍不住了。他心想："我不能再等了，我要帮它们一把！"于是，他走进田里，一株一株地把那些

禾苗往上拔,想让它们快点长高。他忙了一整天,直到太阳下山,才疲惫地回到家里。

看着那些"长高"的禾苗,农夫心里别提多高兴了,他觉得自己的辛苦终于得到了回报。于是,他迫不及待地回家跟儿子分享了自己的"杰作"。

然而,当第二天清晨来临,儿子去田里查看时,却发现那些被农夫拔高的禾苗已经变得枯黄,毫无生气。原来,农夫的急躁和冒进,反而害了那些禾苗,让它们失去了生命。

这则寓言告诉我们,成功需要不断积累,切忌急躁与冒进。任何事物都有其自然的发展规律,只有循序渐进、耐心耕耘,才能收获甜美的果实。如果我们不去积累,只希望一蹴而就,最终可能一事无成。

成功需要持续的努力和积累

成功的路并不是一条直线,而是充满了曲折。它是一场漫长的积累与学习,如同攀登高峰,须从脚下坚实的每一步开始,才能触及巅峰。即便是微小的成功,也须跨越无数艰难的步伐。幻想成为完美无缺、无所不能的人,渴望瞬间达成目标,这不过是懒汉的幼稚逻辑。成功并非天赋所赐,更非无师自通,而是需要持续的努力和积累。若你始终抱着"马上如愿"的幻想,那么成功将遥不可及。因此,只有脚踏实地,耐心前行,才能最终抵达成功的彼岸。

戒骄戒躁

我们要戒躁戒急,踏实前行,为生活定目标、订计划,使生活充实,梦想渐近。如果心浮气躁,急于求成,终将一事无成。唯有脚踏实地,才能战胜挫折,丰富人生。无论梦想多么美好,都需要我们勇敢迈出脚步。只要我们用心努力,一步一个脚印,慢慢积累,终究会抵达梦想的彼岸。

李贺作诗

唐代诗人李贺犹如一颗璀璨的流星,短暂而耀眼地划过中国古代文学史的夜空。他的一生虽然只有短暂的二十七年,却以其独特的艺术风格和卓越的才华,为后世留下了许多脍炙人口的诗篇。

李贺为了寻找创作的灵感,常常一大早就背着装满纸条的锦囊,骑着驴子出门。他偏爱那些荒郊野外和乱坟场,因为在那里,他能更自由地观察世界,捕捉那些稍纵即逝的灵感。每当他看到一处美景,或者感受到一种情感,他就会立刻在小纸条上写下心中的诗句,然后小心翼翼地放进锦囊。

到了晚上,李贺回到家中,他会取出那些小纸条,逐一挑选、整理,再以此为基础,继续构思,直到写出一首完整的诗。然后,他会把这首诗放进另一个锦囊,就像是在收藏自己的宝贝。除非有特殊情况,他每天都会这样做,从不间断。

李贺的母亲看到儿子每天早出晚归，背着鼓鼓的锦囊，不禁有些担心。这天李贺刚回到家，母亲就命丫鬟去把他的锦囊拿来。打开一看，里面全是写满诗句的纸条。母亲这才明白，原来儿子每天早出晚归，是在外面寻找灵感，写诗啊！她看着儿子日渐消瘦的脸庞，心疼地说："你这孩子，真是太辛苦了，简直要把心血都耗尽了。"她担心儿子的身体受不了，就劝他不要这么辛苦了。李贺却笑着安慰母亲说："母亲，您放心，我不会累垮的。"

夜深了，李贺的房间还亮着灯。他依然坐在那里，一张张地翻阅那些小纸条，不断地琢磨、润色，构思新的诗作。他的每一句诗都经过深思熟虑，每一个字都经过精心推敲。他的诗作充满了奇思妙想，独具一格。虽然他只活到二十七岁，却留下了许多脍炙人口的名篇佳作，为祖国的文化宝库增添了无尽的瑰宝。

要不断积累

积累之道，在于日积月累，并非一蹴而就。每日的点滴努力，胜过一年的偶尔勤奋。一周、一月、一年，皆由连续不断的日子汇聚而成。伟大成就的背后，是无数次的尝试、努力和积累。

从凡人到伟人，这并非一蹴而就的奇迹，而是长期不懈的奋斗和积累的结果。只有不断追求、不断行动、不断积累，我们才能逐渐提升自己的能力，实现跨越。

正如栽树播种，积累不同的经验，我们会成为不同的人。农夫、工匠和商人，都因长期的耕耘和积累而取得成就。这种积累的过程，虽然充满挑战和痛苦，但当我们看到努力的成果时，那份喜悦和成就感是无可比拟的。因此，让我们珍惜每一天，不断积累，为自己的未来打下坚实的基础。

道虽迩，不行不至；
事虽小，不为不成

——要行动而不是空想

荀子智慧

原文：道虽迩，不行不至；事虽小，不为不成。

译文：道路尽管很近，但不走就不可能抵达目的地；事情尽管不大，可是不做就不可能获得成功。

荀子曾说，稳步前行，即便跛行的甲鱼也能行千里；若心志不定，左右徘徊，纵使六匹骏马也难以抵达目的地。人虽各有差异，却远非甲鱼与骏马之比。然而，甲鱼之所以能至远方，骏马却可能停滞不前，皆因行动与否之别。因此，思想虽重要，但行动同样不可或缺。如果仅沉溺于空想，不付诸实践，也终将一事无成。真正的成功，在于将梦想与行动紧密结合，才能到达理想的彼岸。

三位旅行者的故事

在茂密的森林深处，三位志同道合的旅行者正徒步穿越，他们的脚步虽然疲惫，但心中的热忱如同燎原之火。他们谈论着励志课上那震撼人心的"行动的重要性"，话题如此引人入胜，以致忽略了时间的流逝。当饥饿的肚子发出"抗议"时，他们才惊觉天色已晚，而食物仅余一块面包。

（上帝允许我吃面包。）

（其实上帝选择的是我。）

作为虔诚的信徒，他们决定不为此争执，而是将选择权交给更高的存在——上帝。在祈祷声中，他们进入了梦乡，期望在梦中得到指引。

第二天清晨，阳光透过树叶的缝隙洒在他们身上，三位旅行者再次聚首。旅行者甲率先分享了他的梦境，他梦到自己置身于一个神圣之地，上帝亲自出现，赠予他面包。旅行者乙紧随其后，他的梦境中充满了对未来的憧憬和上帝的眷顾，上帝同样选择了他作为面包的享用者。

然而旅行者丙却淡然一笑，他坦言自己并没有做梦，而是在饥饿的驱使下，直接采取了行动，吃掉了那块面包。他感谢上帝在关键时刻提醒了他行动的重要性。

这个幽默的故事背后蕴含着深刻的道理：无论你有多少理由和梦想，如果缺乏行动，那么一切都将是空谈。行动是实现梦想的关键，是连接理想与现实的桥梁。让我们铭记这个道理，用行动去书写自己的辉煌篇章。

拿出行动改变自己

别再只是空想那个闪闪发光的未来，也别沉湎于过去之中。我们常常听到失败者的叹息："我本可以，但我没去做。" 如果你对现在的生活感到不满，那就得拿出行动来改变自己。不要害怕与人交往，去体验、去实践，这样你才能不断提升自己。未来是未知的，但行动是你的指南针，它会引导你走向正确的方向。别让懒惰和空想成为你前进的绊脚石，要勇敢地迈出那一步，只有这样，你才能收获满满的成就。无论前方有多少困难和挑战，只要你坚守信念，勇往直前，最终一定能抵达属于你的那片理想天地。

成功的秘诀在于行动

成功始于积极的心态，明确目标是关键，但这只是为赛车加满油，设定了路线。要真正抵达终点，唯有启动赛车并持续加速。成功的秘诀在于行动，而非知识的累积。无论目标多么宏大，行动才是通往成功的唯一道路。立即行动，是每位成功者的共同品质。现在做，立刻做，因为唯有行动，才能引领你走向成功的彼岸。

花园中的石头

一户人家的花园里有一块大石头，静静地占据着花园的一角。它的宽度约有四十厘米，高度则达到了十厘米，看似并不起眼，但对于过往的行人来说，它是一个不小的隐患。

每当有人步入这个花园，稍不留神，便会被这块石头绊倒在地，甚至是擦破皮。人们纷纷向主人提出建议，希望他能够移走这块石头，让花园恢复原本的宁静与和谐。然而，主人总是摆摆手，淡淡地说："这块石头已经在这里很久了，它的体积那么大，搬起来很费劲，不如大家都小心一点，走路时留意着点，这样还能锻炼你们的反应能力呢。"

时间就这样在主人的漠视中悄然流逝，石头也伴随着主人的坚持而留在了花园中。直到有一天，主人的孙子，一个充满好奇心与活力的孩子，看到了这块石头，不解地问："爷爷，我们为什么不把这块石头搬走呢？"主人漫不经心地说："这块石头很重的，如果能搬走我早就搬了，

把它搬走不就好了！

那一定很费劲。

哪里还会让它留到现在呢？"

然而，小孙子并没有被爷爷的话说服。他带着锄头和一桶水，来到了石头旁。他先将整桶水倒在石头的四周，然后用锄头小心翼翼地开始挖掘。他下定决心，即使需要三天两夜的时间，也要将这块石头挖出来。令人惊讶的是，几分钟后，他就已经将石头撬松并挖了出来。他惊讶地发现，这块石头并没有爷爷说的那么重，它只是被一层厚厚的泥土包裹着，给人一种沉重的假象。

这个故事虽然短小，但其中蕴含的道理深刻而又重要。它告诉我们，行动胜于空谈。在面对问题时，我们不应该被表面的现象所迷惑，而应该勇敢地迈出第一步，去探寻问题的真相。只有这样，我们才能摆脱困境，找到解决问题的关键。

用行动证明自己的价值

行动，就像是一把钥匙，能打开通往真理和未来的大门。那些看似难以逾越的障碍，其实就像是路上的石块，只有当你勇敢地迈出脚步，它们才会变成你前进的垫脚石。人只有真正行动起来，才能释放出内在的潜能，创造属于自己的奇迹。

遇到困难时，如果只是坐在那儿唉声叹气，那么你的意志和决心就会被慢慢消磨掉。在现实生活中，真正能够采取行动的人并不多，很多人只会空谈而不付诸实践，害怕面对困难和挑战。

你可能会发现，那些成功的人更加注重实际行动，会制订计划并一步步地去实现。而那些失败的人，有时候过于沉迷于理论知识，想法虽多，但真正付诸实践的很少。

所以，不要害怕困难，不要害怕挑战，只有勇敢地迈出那一步，用行动去证明自己的价值，才能书写属于自己的辉煌篇章。

荀子讲堂：人定胜天

学数有终，若其义则不可须臾舍也

——不要半途而废

> **荀子智慧**
>
> 原文：学数有终，若其义则不可须臾舍也。
> 译文：学习的内容总会有结束的一天，可是学习本身是不能停下来的。

从求学的角度来看，每个学科都有自己的界限，但我们对知识的渴望是永远不会停止的。只有持续不断地学习，才能真正体现出我们作为人的价值；如果半途而废，那就和放弃努力的动物没什么两样了。同样的，在事业上，我们也需要拥有恒心和毅力。虽然成功的道路有很多条，但它们都共享一种共同的精神——对事业的执着和坚韧不拔。成功的人明白，在还没有达到目标之前，绝对不能退缩，也不能放松。

曾纪泽学英语

清末时期，英国是外国列强之首，英语随之成为国际交流的通用语言。在那个特殊的时代背景下，曾纪泽的父亲曾国藩，展现出了超前的教育视野。他不仅传授曾纪泽深厚的国学知识，更聘请外教教授他西洋文化，特别是英语。这位外教，身为传教士，初来乍到便宣扬《圣经》。然而，曾国藩独具慧眼，认为《圣经》与《诗经》有异曲同工

（我为什么要学习英文啊？）

（以后你一定用得上。）

之妙，就将其视为西学启蒙的教材。

曾纪泽的英语学习之路，虽显笨拙，却彰显出曾家持之以恒的家风。曾国藩深知曾纪泽在学习上曾有浅尝辄止的习性，因此特意在家书中强调持之以恒的重要性，旨在培养他勤奋好学的品质。

不负父望，曾纪泽在年近三十之际，重拾英语学习。尽管公务繁忙，精力有限，他仍坚持每日抄写、背诵英语语句，最终自学成才。他更是撰写了《中国先睡后醒论》这篇数千字的政论文章，用地道的英语发表在国际报刊上，引起了广泛的关注。

在长期的学习与实践中，曾纪泽不仅学识渊博，观察力也极为敏锐。他洞察到中华学问与儒家主张的偏离，对当时朝廷的用人策略产生质疑。在与沙俄的交涉中，他更是凭借着自己的智慧和勇气，成功挽回了失地，为国家赢得了尊严。这段历史，不仅见证了曾纪泽的卓越才能，更彰显了曾家持之以恒、勤奋好学的家风。

有恒心才能胜利

恒心，是追求梦想道路上的定海神针，更是激发内在潜能的催化剂。恒心与追求相互交织，汇聚成一股坚不可摧的力量。

对于真正的勇士来说，恒心和毅力是他们内心的坚固堡垒。只有那些坚韧不拔、勇往直前的人，才能征服前方的重重困难，最终抵达成功的彼岸。而那些在失败面前轻易放弃的弱者，注定只能被失败的苦涩所吞噬。

真正的强者，会在挫败中吸取教训，用更加坚定的决心和勇气，继续他们的征程。他们知道，只有持之以恒的努力，才能收获最终的胜利果实。

成功之路，贵在坚持

成功之路，贵在坚持。面对困难，短暂克服并非难事，真正的挑战在于持之以恒。一旦目标确立，务必坚定信念，绝不可半途而废。追求成功的道路上，每个人都须展现不屈不挠的毅力，历经曲折仍勇往直前。对于精神导师和领袖而言，更是如此。他们肩负着引领人类前行的重任，更应拥有无畏的精神和持久的毅力，因而成为追随者心中的楷模，用行动诠释着成功的真谛。

乐羊子妻断织劝学

乐羊子生活在汉代，有一次他外出的时候，在路边捡到了一块闪闪发光的金子。他欣喜若狂，于是迫不及待地带着这块金子回到家中，想要与妻子分享这份喜悦。

然而，他未曾料到，妻子对于这块金子的态度并非如他所想的那般欢喜。妻子脸上没有露出丝毫的笑容，反而严肃地责备他道："有志气的人，连盗泉之水都不屑一顾；有高尚节操的人，又怎会接受他人的施舍呢？你又怎能贪图这意外的财富，从而玷污了自己的人格呢？"乐羊子听后，内心的喜悦瞬间化为乌有，取而代之的是深深的羞愧。他明白了妻子的意思，毅然将金子扔到了野外，随后踏上了求学的道路，希望通过学习来弥补自己道德上的不足。

乐羊子经过长途跋涉，终于找到了一位德高望重的老师，并跟随其学习。然而，一年时间过去了，他却因为思念家人而选择了放弃学业，回到家中。然而，妻子并未因此而责备他，反而

> 你不能因贪图富贵而玷污自己的人格。

> 你说得对，我这就扔了它。

拿起剪刀，走到织机前，指着即将织就的丝织品，语重心长地说道："这些丝织品，都是从蚕茧中抽丝，再经过织机日夜不停地编织，才得以完成。如果现在将其剪断，那么之前所有的努力都将付诸东流。学习亦是如此，高尚的道德和丰富的学识，都需要日积月累，持之以恒。你若是半途而废，岂不是和这剪断的丝织品一样，前功尽弃了吗？"

乐羊子听后，心中涌起一股强烈的感动。他明白了妻子的良苦用心，也深知自己的过错。于是，他再次背上行囊，回到老师身边，继续自己的学业。这一次，他下定决心要持之以恒，不再轻言放弃。而妻子也在家中任劳任怨地照顾婆婆，并时常送些物品给远方的乐羊子，消除他的后顾之忧。终于，经过七年的努力，乐羊子完成了学业，成了一位品德高尚、学识渊博的君子。

半途而废的人生毫无意义

脆弱的人遭遇事业挫败，往往一蹶不振，但坚韧之人能在失败中汲取力量，以更大的决心和勇气重新出发，直至抵达胜利的彼岸。人生旅途，虽有失败与痛苦，但请铭记：只要坚韧不拔，终能拨云见日，迎接心中的光明。艾柯卡曾言："太阳总要升起。"成功之路，目标虽重要，但持之以恒的努力更为关键。面对挑战，我们应以微笑迎接，永不言弃。现代青年须摒弃浮躁，摒弃一夜成名的幻想。成功者之所以能够成功，皆因他们始终认真努力。让我们从此刻开始，以认真的态度面对生活与工作，让每一分努力汇聚成惊人的力量，打败一切困难与挫折。年轻的朋友，请记住，半途而废的人生毫无意义。只有全力以赴，认真完成每一件事，才能成就非凡。

无冥冥之志者，无昭昭之明；
无惛惛之事者，无赫赫之功

——凡事要做到专心致志

荀子智慧

原文：无冥冥之志者，无昭昭之明；无惛惛之事者，无赫赫之功。

译文：只有专一的志向，才能有通达的智慧；不能心无旁骛地勤奋做事，怎么可能取得好成绩？

荀子强调，求学须专心致志，分心则难成大事。在现实生活中，有人虽然涉猎广泛，书法、音乐、哲学、数学皆有涉猎，但每项皆浅尝辄止，未能深入。他们虽看似博学多才，实则样样不精，无法触及学问的精髓。追求博学固然可贵，但更应注重精研一门，专心致志，才能窥见学问的深邃与精妙。如此，才能成就真正的学问，而非表面的泛泛之谈。

洛阳纸贵

在太康年间，洛阳城内掀起了一股抢购纸张的狂潮。造成这种现象的，是一位名叫左思的青年，他用一部《三都赋》掀起了文坛的波澜。这部赋以华丽的辞藻和生动的描写，展现了魏、蜀、吴三都的繁华与魅力，让人们为之倾倒。

左思并非名门出身，但他自幼怀揣着光大门楣的志向。

> 你不吃饭在干什么呢？

> 马上就改完了，再等等。

他发奋苦读，立志要做出一番事业。在历经多次尝试和失败后，他选择了文学作为自己的方向，并开始创作《三都赋》。

为了写好这部赋，左思付出了巨大的努力。他请求成为秘书郎，以便能够阅读宫中收藏的有关三个都城的书籍和资料。他无时无刻不在思考，无论是在餐桌前、床头、厕所旁，还是在漫步于亭园楼台之际，他都在构思和修改。历经十个春秋，洋洋洒洒万余言的《三都赋》终于问世。

然而，《三都赋》刚开始并未引起太多的关注。左思并未气馁，他找到了著名的学者皇甫谧为其品题。皇甫谧的赞誉和序言让这部赋名声大噪。随后，著作郎张载和中书郎刘逵分别为其做注解，更是锦上添花。

当《三都赋》在文坛上引起轰动时，人们纷纷抢购纸张来抄写这部赋。由于古代纸张的产量有限，纸价因此飞涨，商人们也因此大发其财。这就是"洛阳纸贵"的由来。

左思十年的辛勤创作终于得到了认可，他的《三都赋》成了千古传颂的经典之作。

专注一隅才能成就卓越

朝三暮四、频繁转换人生方向的人，往往为了一点小利而失去做人的根本，而左思十年磨一剑，终成《三都赋》的辉煌，正是他专心致志、持之以恒的见证。许多成就大事者并非天赋异禀，而是拥有那份不为所动、坚韧不拔的毅力。他们坚守初心，不为外物所扰，这种专注的精神让平凡之人也能闪耀出独特的光芒。聪明人在追逐多面发展的同时，往往忽视了专一与深入的重要性。要知道，人的时间、资源与能力都有限，唯有专注一隅，才能成就卓越。专心致志，才能走向成功。

不要急于求成

荀子强调，成就事业与求学皆须专心致志。然而，现实中有人急于求成，频繁更换目标，最终一事无成。荀子告诫我们，无须羡慕他人的天赋与才华，只需坚守一个目标，并且持之以恒地努力，同样能取得辉煌成就。专心致志，是通往成功的必经之路，让我们摒弃浮躁，专注于自己的道路，终将收获满满的果实。

弈秋教棋

在古代，有一位棋艺超群的棋士，名叫弈秋，他的棋艺无人能敌，令人叹为观止。

一日，两位热衷于棋艺的青年慕名而来，希望拜弈秋为师，学习棋艺。弈秋欣然应允，决定倾囊相授，授课时一丝不苟，严谨认真。然而，两位学生的表现大相径庭。

一位学生，全神贯注地聆听弈秋的讲解，对每一个棋局、每一次布局都仔细揣摩，反复推敲。他的眼中闪烁着对棋艺的热爱与执着，进步之神速令人惊叹。而另一位学生，虽然表面上也在认真听讲，但内心如野马脱缰，思绪飘忽不定。每当弈秋讲解时，他的眼神呆滞，思绪早已飘向远方，或是幻想着窗外飞过的天鹅，或是陷入其他琐事之中。

经过一段时间的学习，两位学生的棋艺水平高下立判。那位专心致志

外面的风景如何？

很好，真想出去玩啊！

的学生，在棋盘上从容不迫，攻守兼备；而另一位学生则手忙脚乱，难以应对。弈秋看着两人，不禁感叹："同室而学，何以相差如此之大？"

其实，并非两人的智力有异，而是学习态度的问题。一位专心致志，全身心投入；另一位则心不在焉，三心二意。这正应了孟子所言："专心致志，才能成就一番事业。"

这个故事告诉我们，学习必须专心致志，一心一意。只有全身心地投入，才能学到真本领，才能取得真正的成功。当我们全神贯注于某一事物时，我们的神经细胞会活跃起来，思维会变得敏捷，学习效率也会大大提高。因此，我们应该摒弃杂念，专心致志地投入到学习和工作中去，这样才能取得更大的成就。

专注的力量

人人皆有短板与长处，但持之以恒的专注精神，能将劣势转化为优势。有人曾说："成功的首要秘诀，是对同一问题锲而不舍地投入身心之力。"这正是专注的力量所在。专注是一种强大的内在驱动力，它让平凡之人也能绽放光芒。拥有顽强的毅力、坚定的决心、明确的目标以及不屈不挠的精神，便能助你在人生道路上取得胜利。专注不仅是一种能力，更是一种习惯。当专注成为日常，所遇之事便成为爱好与享受。我们将以更坚定的信心与勇气去战胜困难，每次胜利都将增强我们的能力，让我们更加勇往直前。专注，是通往成功不可或缺的钥匙。

行乎冥冥而施乎无报，而贤不肖一焉

——做好事不求回报

荀子智慧

原文：行乎冥冥而施乎无报，而贤不肖一焉。

译文：偷偷做好事，却不求回报，这样贤人和不贤的人都会向你靠近。

做善事容易，不求回报也不是难事，然而，难在默默行善，不求人知。有些人助人之后，便自恃有功，骄矜自满。这种心态实在是大忌，很容易招致反感，甚至被人误解。真正的善意，应是出自内心，不求回报，更不张扬。只有这样，才能赢得他人的尊重和感激，从而真正增加自己人情账户的"收入"。因此，我们应摒弃骄傲的心态，以谦逊之心行善，让善意如春风化雨，温暖人心。

农夫与富翁

在一个大雪天，一个身着破旧棉袄的农夫顶风冒雪来到村里的富翁家门口，想要借一笔钱渡过难关。富翁这天心情不错，就慷慨地借出一笔对农夫来说如同天文数字的银子，并豪爽地表示："拿去花吧，不用还了！"

农夫双手接过那沉甸甸的银钱，眼中闪过一丝感激，随后小心翼翼地将它们包好，急匆匆地往家中赶去。富翁望

着他渐行渐远的背影，又高声喊了一句："真的不用还了！"

然而，第二天清晨，当富翁推开院门的那一刻，眼前的景象让他震惊不已。院内的积雪已被清扫得干干净净，连屋瓦上也纤尘不染。他心中疑惑，询问下人后得知，这竟是那位农夫打扫的。

这一刻，富翁恍然大悟，原来，自己昨天的慷慨之举，在农夫看来并非简单的施舍，而是对他的尊重与信任。农夫用扫雪的行动来维护自己的尊严，不愿接受施舍，只想通过自己的努力来偿还这份恩情。

于是，富翁亲自找到农夫，让他写下了一份借契。这份借契不仅是对农夫的尊重，更是对他尊严的成全。在富翁眼中，世上没有乞丐，只有需要帮助的人；而在农夫心中，自己又何曾是个乞丐？

这件事让富翁深刻体会到，"施恩"与"施舍"虽一字之差，但效果大相径庭。真正的善举应该建立在尊重与平等的基础上，让受助者感受到尊严与温暖。

行善不要考虑回报

一个人行善，本心出于无私，不论他人是否知晓，是否回报，都不是他要考虑的。他默默地行善，不求宠辱，不争名利，长此以往，其修养自会深厚而博大。朋友间的相处亦应如此，相互扶持，不求回报。在朋友需要帮助时伸出援手，能让友情更加深厚。有时，恰到好处地请求帮助，还能增进友谊。

然而，人性的复杂使得人情世故变得微妙。虽然人人都乐于施小惠，但那些自诩独立、不愿求人的朋友往往不受欢迎。做了好事后，若过分夸大，反而会让人敬而远之。因此，做了人情，给了面子，不必过分张扬，最好不夸功，甚至不认账。但这并不等于朋友不清楚，只是默默地珍惜这份情谊。

如何给别人提供帮助

在提供帮助时,应确保对方感受不到负担,而是自然舒适地接受。你的帮助应如春风拂面,让对方在时间的流逝中深深感受到你的关怀。另外,在提供帮助时,保持愉悦的心情至关重要,因为真心实意的帮助总能得到回报。对于那些知恩图报的人,更应时常伸出援手。人际关系中的帮忙是相互的,避免过于功利,让情感交流成为维系友情的纽带,从而长久地保持彼此的情谊。

老禅师与玫瑰

在一个古朴的寺庙门外,老禅师精心种植了一株玫瑰。玫瑰在他的照料下茁壮成长,最终绽放出绚烂的花朵,芬芳四溢。然而,随着季节的更迭,花朵逐渐凋零。老禅师并未因此放弃,他将玫瑰的枝干修剪后,细心地插种在肥沃的土壤里,覆盖上温暖的塑料薄膜,给予它们重生的机会。尽管年事已高,行动稍显迟缓,但他从未退缩,坚信这些玫瑰将会再次繁盛。

年复一年,玫瑰在寺庙内繁衍生息,花香弥漫,甚至飘到了山下的小村庄。一位村民被花香吸引,来到寺庙里,对玫瑰的美丽赞不绝口。他向老禅师请求给他一株玫瑰,希望自家门前也能有这样的美景。老禅师欣然

应允,赠予了他一株玫瑰。很快,这位村民家的门前也盛开着玫瑰,吸引了许多人前来观赏。

听闻这些玫瑰是从寺庙里得来的,越来越多的村民纷纷前来寻求老禅师的赠予。面对他们的请求,老禅师总是微笑着答应,并吩咐弟子们将玫瑰赠予他们。尽管寺庙内的玫瑰逐渐减少,但老禅师并未因此感到遗憾。最后,他告诉弟子们:"虽然现在我们这里没有了玫瑰,但你们看,整个村庄都被玫瑰花香包围,这难道不是一种更大的美好吗?"

弟子们终于领悟了老禅师的深意。他们明白了,真正的善良和慷慨不仅仅是为了自己,更是为了整个社会的和谐与美好。老禅师的行为体现了佛祖化身千万亿的精神,他用自己的行动证明了做好事的价值和意义。

低调而有品才是真正的慈善

在当今社会,人们似乎越来越热衷于张扬自我、追求名利,使得真正的无名英雄越发罕见。在信息爆炸的时代,信息的价值越发凸显,成了一种流通的商品。然而,在这种背景下,做好事若低调处理,似乎显得有些"吃亏"。许多人希望通过宣传善行,以获得名誉上的回报。

然而,真正的慈善是源于内心的纯粹与无私,不求回报,只是单纯地想要帮助他人,并从中获得快乐。这种做好事的方式,自然而然地成了善者生活中的一部分,无须张扬,更无须炒作。这种低调而有品的行为,才是真正的慈善精神,也是做人应有的风度和品质。让我们向那些无名英雄致敬,让慈善的力量在社会中持续传播。

荀子讲堂：人定胜天

君子生非异也，善假于物也
——学会借力成事

> **荀子智慧**
>
> 原文：君子生非异也，善假于物也。
> 译文：君子的资质和普通人相比，并没有什么差别，君子之所以比普通人厉害，原因就在于他擅长将外物为自己所用。

俗话说，"一个好汉三个帮，多个朋友多条路"，朋友在中国传统文化中如明月相照，以义为先。在竞争激烈的现代社会，朋友更显珍贵，善用朋友关系，生活将更自在快乐，且机遇倍增。因此，学会运用朋友关系，便有了成功的希望。在历史上，许多伟大人物都善于运用朋友关系，其中蕴含的相处之道，对我们今天依然具有借鉴意义。

蒋干中计

赤壁之战期间，曹操的军队并不擅长水战，但他聪明地重用了投降的荆州将领蔡瑁和张允，使得曹军的水战能力大增。周瑜作为东吴的主将，看到这一幕自然不能坐视不理。他深知要打败曹操，必须先除去这两位擅长水战的将领。

这时，曹操的谋士、周瑜的老友蒋干来访。周瑜一眼就看出了蒋干的目的——他既想说服东吴投降，又想刺探军情。于是，周瑜心生一计，决定

我来看望你了。

非常欢迎！

利用这位老朋友。

当晚，周瑜设宴款待蒋干，两人把酒言欢。夜深了，周瑜假装喝醉，拉着蒋干说要同榻而眠。半夜，蒋干醒来，发现周瑜已酣睡，桌上散落着一些书信，其中一封写着"蔡瑁、张允谨封"。蒋干偷看了这封信，信中竟然说蔡瑁和张允打算叛变曹操，投奔东吴。蒋干大惊失色，急忙藏起书信，假装继续睡觉。

不久，周瑜假装被叫醒，出去处理紧急事务。蒋干爬起来偷听，听到有人提到张、蔡二人"急切间不得下手"。蒋干心中有了答案，便悄悄溜回曹营，向曹操报告了此事，并交上了那封伪造的书信。

曹操大怒之下，斩了蔡瑁和张允。等到人头落地，他才恍然大悟自己中了周瑜的计。就这样，周瑜巧妙地利用老朋友蒋干，除去了曹军中的两员大将，为赤壁之战的胜利奠定了坚实的基础。

> 蒋干果然连夜跑了。
>
> 看样子我们的计策成功了。

借力成事

成熟的人，深知个人奋斗与借力成事的重要性。他们既拥有勇往直前的气魄，又具备巧妙借力的智慧。在奋斗与借力之间，他们总能找到那个恰到好处的平衡点。面对社会的压力，许多出身平凡、资源有限的年轻人，对成功的渴望似乎总被现实的壁垒所困。然而，历史总是惊人的相似，那些昔日同样平庸的人，却能在岁月的洗礼后，成就非凡。他们成功的秘诀何在？答案就是他们不仅凭借坚韧不拔的毅力自我奋斗，更在关键时刻，主动寻找那些能助自己一臂之力的"贵人"。正是这种借力的智慧，让他们在人群中脱颖而出，实现了人生的华丽转身。

荀子讲堂：人定胜天

借助外力放大自己的力量

个人的力量终究有限，跑不过马，飞不过鸟，视力不及鹰，嗅觉不如犬。但聪明人懂得借助外力，放大自己的力量。他们知道这世上有三种"借"：借人、借势和借钱，都是成功的秘诀。借人和借势，就是聪明人常用的方法，他们利用别人的长处来弥补自己的短处，无论是智慧还是人力，都能因此得到补充。这样，他们就更容易达成目标，实现梦想。

善于借助外力的容闳

容闳这个名字或许并不为大多数人所熟知，他却是中国历史上的一个传奇人物——中国首位留学生。他来自安徽安庆，后移居广东香山，年少时便踏上了前往澳门的求学之路。道光二十七年（1847），他勇敢地跨出国门，赴美深造，并成功考入耶鲁大学，系统学习了西方先进的科学文化知识。

尽管他身处异国他乡，但内心始终怀揣着一颗炽热的爱国心，渴望将所学回馈给祖国，使中国摆脱落后的困境。

毕业后，容闳怀揣着"以西方之学术，灌输中国，使中国日趋富强"的宏大愿景，毅然决然地回到祖国。他四处奔波，希望能找到志同道合的合作伙伴，共同推动中国的近代化进程。然而，在清末那个动荡的年代，他的努力似乎总是难以得到回应。

当太平天国运动风起云涌时，容闳曾寄希望于这些具有浓厚基督教色彩的起义军。他亲自拜访太平军领导人，提出了一系列改革建议，但遗憾的是，这些建议并未得到采纳。面对挫折，容闳并未放弃，他转而投向了正在领导镇压太平军的清朝重臣曾国藩。

在曾国藩的府邸中，容闳的才华和见识得到了充分的认可。曾国藩对容闳委以重任，让他负责采办西洋机器、兴办工厂等重要事务。这一决定，不仅为容闳提供了一个施展才华的舞台，也为中国近代化进程注入了新的活力。

容闳的故事告诉我们，一个人的力量是有限的，但只要我们善于借助外力、凝聚力量，就能取得惊人的成就。在这个世界上，没有永远的孤军奋战，只有不断寻找和抓住机遇的智者。让我们学会适时借力，让一切变得更加轻松和高效。

学会巧妙地借力

在人生漫长的旅途中，没有人能够掌握所有的知识，也没有人能单凭自己的力量创造非凡的成就。面对这个广阔而复杂的世界，我们每个人都像沧海中的一粒粟米，显得微不足道。然而，正是这样的我们，在追求卓越的道路上，常常需要借助人际关系的力量，让别人的智慧与资源成为我们人生道路上的坚实支撑。

从幼时依赖母亲的呵护，到长大后凭借学历求职，再到职场中借助职位施展才华，我们一直在不断地学习如何巧妙地借力。借力，是成功者面对生活的一种智慧，是他们在纷繁复杂的人际关系中寻找机会、把握机遇的秘诀。

不同的人，在借力的过程中展现出了不同的智慧和策略。但无论方式如何，我们都追求一个共同的目标，那就是坦荡地借力，让他人心甘情愿地给予我们帮助。这样的借力，不仅让我们在人生的道路上走得更远，更能让我们在心灵上得到成长和升华。

荀子讲堂：人定胜天

挂于患而欲谨，则无益矣

——生于忧患，死于安乐

荀子智慧

原文：挂于患而欲谨，则无益矣。

译文：已经身陷囹圄，再想谨慎，已经毫无益处了。

荀子曾说，白鲦与鲂鱼因趋光而浮，若搁浅沙滩再求水，则为时已晚。这个道理也适用于人生，与"生于忧患，死于安乐"相契合。人应常怀忧患意识，也就是所谓的"危机意识"。面对未知的未来，我们需要做好心理与实际准备，以应对突变。如果不做准备，就很难应对未来的挑战和困难。拥有危机意识，虽未必能解决问题，却可降低损害，为自己开辟生存之路。

深谋远虑的张孟谈

春秋末期，智伯瑶联合韩、魏两国的兵力，大举进攻赵国。面对这突如其来的危机，赵襄子与张孟谈共谋防御之策。张孟谈深思熟虑之后，缓缓道："董安于是先王赵简子的良臣，昔日他治理晋阳，以善政赢得民心，其遗风犹存。我们应当坚守晋阳，以逸待劳。"

赵襄子依计而行，率众到了晋阳，却发现城池破败，粮草不济，兵器短缺，四周村落更是毫无防御之力。他心中一惊，急忙召见张孟

（这下怎么抵御外敌啊？）

（眼下只能发动百姓了。）

谈："此等困境，如何御敌？"

张孟谈神态自若地回答道："圣人之治，重在民心。如今，我们可令百姓保留三年的生活必需品，其余财物尽献国家，同时动员青年修筑城池。民心所向，百姓自然会积极响应。"

赵襄子下令之后，百姓纷纷献出家中余粮、金钱及兵器。短短五日，晋阳城焕然一新，防御设施完备。然而箭矢成了难题。

赵襄子再次向张孟谈求教，张孟谈微微一笑，指向官署四周的高秆植物："这些植物已长到一丈多高，正是制箭的良材。"赵襄子依计而行，制成箭矢，其质量竟不输于洞庭竹箭。然而，箭头又成了问题。

张孟谈再次献策："官署的柱子都是铜铸的，何不把它们熔了做箭头？"赵襄子恍然大悟，立即行动。不久，箭矢充足，可以蓄势待发了。

最终，智伯的军队来犯，赵襄子凭借晋阳之坚和民心之归，大破敌军，智伯瑶亦命丧于此。这一战，张孟谈的智谋与赵襄子的决断，共同谱写了赵国的不朽传奇。

鲶鱼效应

渔民发现，放一条鲶鱼到沙丁鱼仓中，便能激发沙丁鱼的求生欲，使它们保持活力，从而提高了存活率。这正如我们面对现代社会的激烈竞争，危机意识成为我们生存的关键。未来充满不确定性，好运不会永远眷顾我们，因此，我们须时刻保持警惕，准备应对突如其来的变化。危机意识不仅能帮助我们降低潜在的危害，更能为我们开辟新的生存之路。无论是对国家、企业，还是个人而言，缺乏危机意识都意味着潜在的风险和失败。因此，培养并保持危机意识，是我们走向成功不可或缺的一环。

荀子讲堂：人定胜天

不要丧失忧患意识

一个人如果丧失忧患意识，便如同温水煮青蛙，将于安逸中悄然失去生命。因此，在人生的每个转角，我们都应保持敏锐的洞察力和灵活的应变能力，迅速适应新变化。切莫沉溺于眼前的安逸，否则一旦危机来临，将悔之晚矣。虽然我们都渴望生活一帆风顺，但忧患与危机并非洪水猛兽，它们往往能激发出我们内在的潜力，以坚定的意志和非凡的毅力，创造出平时难以想象的成就。

周公旦辅政

周武王在征服商朝后，并未对商纣王的儿子武庚处以极刑，而是选择将其封为殷君，令其继续留在故土上。然而，武王深知武庚与商朝遗民的威胁，故派遣其三位弟弟管叔、蔡叔和霍叔，分别驻守于旧都的东、西、北三面，形成一道严密的监视网，史称"三监"。

周公旦，武王最为信赖的弟弟，与太公、召公等一同为灭商立下了赫赫战功。武王病重时，周公旦深感忧虑，他虔诚地祈祷祖先，愿以己身代武王受难，只为武王能康复如初。他的这份忠诚与虔诚，感动了天地，武王的病竟一度得到缓解。然而，天有不测风云，武王最终还是没能战胜病魔，驾鹤西去。年幼的成王即位，周公旦临危受命，辅佐幼主。

然而，周公旦的摄政之举，却引来了管叔等人的忌妒。他们散播谣言，诽谤周公旦企图篡位。这些流言蜚语如毒箭般射向周公旦，让他倍感压力。为了消除成王的疑虑，周公旦决定离开镐京，前往洛邑。

武庚见周氏兄弟矛盾重

> 爱卿这是做什么？

> 我已决定要离开镐京。

重，便暗中与"三监"勾结，企图复辟商朝。周公旦在洛邑的日子，深入调查，发现了武庚的阴谋。他满怀忧国之情，写下了一首诗，诗中他以母鸟的口吻哀鸣，痛斥武庚的背叛，同时表达了自己对国家的深深忧虑。

年轻的周成王初读此诗，没能领悟其中的深意。直到他无意中在石室中发现了周公旦当时为武王祈祷的祝辞，才恍然大悟。他深感周公旦的忠诚与付出，立即派人将其请回镐京。在得知武庚与"三监"相互勾结后，成王毅然决然地派遣周公旦出兵讨伐。最终，武庚、"三监"的叛乱被平定，周王朝得以稳定发展。周公旦的忠诚与智慧，成了周朝历史上的一段佳话。

你可算回来了！

臣也很感慨啊！

不要忽视"居安思危"

"居安思危"是一种深邃的智慧，它告诫我们在安稳的环境中，也要警惕潜在的危机。生活总是充满变数，我们无法预知所有的风险，但我们可以选择如何面对。在平静的日子里，我们应保持清醒的头脑，时刻准备应对可能出现的挑战。这种预见性、警惕性和防备性，不仅能帮助我们在危机来临时迅速应对，避免不必要的损失，更能让我们在生活的风浪中稳步前行。人们若忽视"居安思危"的智慧，便容易陷入安逸的陷阱，忽视身边的风险，最终导致悲剧的发生。因此，我们必须时刻提醒自己，先事虑事，先患虑患，才能安享太平。